T0194677

essentials

essentials liefern aktuelles Wissen in konzentrierter Form. Die Essenz dessen, worauf es als „State-of-the-Art" in der gegenwärtigen Fachdiskussion oder in der Praxis ankommt. *essentials* informieren schnell, unkompliziert und verständlich

- als Einführung in ein aktuelles Thema aus Ihrem Fachgebiet
- als Einstieg in ein für Sie noch unbekanntes Themenfeld
- als Einblick, um zum Thema mitreden zu können

Die Bücher in elektronischer und gedruckter Form bringen das Expertenwissen von Springer-Fachautoren kompakt zur Darstellung. Sie sind besonders für die Nutzung als eBook auf Tablet-PCs, eBook-Readern und Smartphones geeignet. *essentials:* Wissensbausteine aus den Wirtschafts-, Sozial- und Geisteswissenschaften, aus Technik und Naturwissenschaften sowie aus Medizin, Psychologie und Gesundheitsberufen. Von renommierten Autoren aller Springer-Verlagsmarken.

Weitere Bände in der Reihe http://www.springer.com/series/13088

Michele Ufer

Motivationspsychologische Grundlagen des Flow-Erlebens

Merkmale, Entstehung, Auswirkung von Flow im Sport, Beruf und Alltag

 Springer

Michele Ufer
Herdecke, Deutschland

ISSN 2197-6708   ISSN 2197-6716   (electronic)
essentials
ISBN 978-3-658-31680-8   ISBN 978-3-658-31681-5   (eBook)
https://doi.org/10.1007/978-3-658-31681-5

Die Deutsche Nationalbibliothek verzeichnet diese Publikation in der Deutschen Nationalbiblio-grafie; detaillierte bibliografische Daten sind im Internet über http://dnb.d-nb.de abrufbar.

Planung/Lektorat: Eva Brechtel-Wahl
Springer ist ein Imprint der eingetragenen Gesellschaft Springer Fachmedien Wiesbaden GmbH und ist ein Teil von Springer Nature.
Die Anschrift der Gesellschaft ist: Abraham-Lincoln-Str. 46, 65189 Wiesbaden, Germany

Was Sie in diesem *essential* finden können

- Sie ordnen Flow in den Kontext der Motivationspsychologie ein und erhalten ein Modell zur Vorhersage von Motivation.
- Sie erfahren, was Flow aus wissenschaftlicher Sicht ist und anhand welcher Merkmale Sie Flow erkennen.
- Sie kennen Mechanismen und Erklärungsmodelle zur Entstehung und Förderung von Flow.
- Sie erfahren, wie Sie Flow messen können.
- Sie wissen, welche positiven und negativen Auswirkungen Flow haben kann.

Vorwort

Dieses *essential* ist das Ergebnis eines literarischen Dreisatzes und einiger Fragen, auf die mir die Wissenschaft für meine Coaching-Praxis keine befriedigenden Antworten liefern konnte. Deshalb habe ich mich selbst auf die Suche begeben.

Ein wichtiger Schritt war meine berufsbegleitende Doktorarbeit über die Entstehungsbedingungen und Auswirkungen des Flow-Erlebens auf die Zufriedenheit und Leistung unter extremen Bedingungen (Ufer 2017a). Das führte mich zu teils abenteuerlichen Datenerhebungen auf vier Kontinente, z. B. in den Amazonas-Regenwald, in die Kalahari-Wüste, an den winterlichen Polarkreis und in indische Teeplantagen. Ich realisierte hunderte von Befragungen mit Ausdauersportlern, die unter schwierigsten Bedingungen Lauf-Distanzen von über 200 km zurücklegten, fand meine Antworten und habe mir bei all dem natürlich auch einen Überblick über 40 Jahre Flow-Forschung verschafft. Das Feedback aus meinem (fachfremden) Bekanntenkreis war ausgesprochen positiv und das Interesse am Thema groß.

Da ich während meiner Forschungsreise viele spannende Dinge erlebt und Grenzerfahrungen gemacht habe, entschied ich mich deshalb, die Erkenntnisse auch populärwissenschaftlich aufzubereiten und, angereichert mit Erlebnisberichten, Interviews und Einblicken in meine Coaching-Praxis, einem breiteren Publikum zugänglich zu machen. So entstand das Buch *Flowjäger* (Ufer 2017b).

Aufgrund dieser Arbeiten wurde ich von Prof. Dr. Oliver Stoll angefragt, ob ich mit ihm im Rahmen der Neuauflage von *Advances in Flow Research* (Peifer und Engeser, im Druck) ein englischsprachiges Kapitel über Flow im Sport beitragen wolle. Ich wollte und bin dabei natürlich auch in die anderen Kapitel eingetaucht. So entstand ein aktualisierter Überblick weit über den Sport hinaus.

All das führte schließlich zum vorliegenden *essential*. Es fasst kompakt die grundlegenden Erkenntnisse über Flow aus der Perspektive eines Praktikers zusammen, der Extrem- und Spitzensportler, Führungskräfte, Unternehmer, Künstler und andere High Performer zu den Themen Mentale Stärke, Flow, Grenzkompetenz und gesunde Leistungsoptimierung coacht.

Ich wünsche Ihnen viel Spaß und Inspiration beim Lesen.

Michele Ufer

Inhaltsverzeichnis

Über den Autor

Dr. Michele Ufer ist international gefragter Experte für Sport- & Managementpsychologie. Als Speaker, Coach und Mentaltrainer begleitet er Sportler, Manager, Unternehmer, Coaches und andere High Performer in Fragen der intelligenten Motivations- und Leistungsförderung jenseits von „Tschakka" und „No Limit"-Sprüchen. Seine Kernthemen: mentale Stärke, Flow, Leistung unter Druck und extremen Bedingungen, Führungs- und Grenzkompetenz.

Das von Dr. Michele Ufer entwickelte *Peak Flow Coaching* kombiniert Erkenntnisse aus der Flow-Forschung mit Elementen aus dem Mentaltraining, dem lösungsorientierten Coaching und der Sporthypnose zu einem hochwirksamen Ansatz. Dieser hat sich vielfach bewährt, um innerhalb kürzester Zeit die Motivation, Leistung und Zufriedenheit zu verbessern, unbewusste Blockaden aufzulösen und gewünschte persönliche Verhaltens- und Handlungsstrategieänderungen zu realisieren. Das gezielte Aktivieren eines Flow-Zustands ist dabei eine zentrale Säule.

Als erfolgreicher Extremläufer testet Dr. Michele Ufer seine Strategien auch regelmäßig unter schwierigsten Bedingungen am eigenen Leib. Bei internationalen Wettkämpfen mit Distanzen von bis

zu 250 km Länge in der Wüste, im Regenwald, am
Polarkreis oder Mount Everest erzielte er wiederholt
Top 10-Platzierungen.

Dr. Michele Ufer hat in mehreren Büchern,
Buchbeiträgen und zahlreichen Artikeln über seine
Arbeit berichtet. Bei nationalen und internationalen
Medien ist er ein gern gefragter Experte und Gast-
autor.

Einleitung 1

Was motiviert Menschen zu handeln, selbst wenn es keine nennenswerten Belohnungen oder sonstige positive Folgen zu geben scheint, sondern ganz im Gegenteil, die Ausführung einer Tätigkeit sogar mit erheblichen Qualen, Kosten und Aufwendungen verbunden ist? Was hilft Menschen, Herausforderungen besser zu bewältigen? Womöglich hat der ungarisch-amerikanische Psychologe Mihaly Csikszentmihalyi mit seinem Flow-Konzept eine Antwort gefunden, die für viele Lebensbereiche von großer Relevanz ist. Ziel dieses *essential* ist es zu erörtern, was sich jenseits von inflationärem Marketing-Slang aus wissenschaftlicher Sicht hinter dem Begriff Flow verbirgt und welche zentralen Erkenntnisse über 40 Jahre Flow-Forschung zutage gefördert haben.

Im Juni 2014 schaute fast die ganze Welt nach Südamerika. In Brasilien fand die Fußball-Weltmeisterschaft statt, die sicherlich einen Höhepunkt in der Karriere der teilnehmenden Athleten darstellt. Die Spieler, deren Trainer und Betreuer sowie die Medien hatten aufgrund der großen Hitze und hohen Luftfeuchtigkeit im Vorfeld intensiv über den Umgang mit den schwierigen klimatischen Bedingungen diskutiert. Zeitgleich und größtenteils unter Ausschluss der öffentlichen Wahrnehmung ging in der Nähe eine kleine Gruppe von Sportlern im Amazonas-Regenwald an den Start eines Wettkampfes, der für viele der Teilnehmer ebenfalls zu einem Höhepunkt ihres Lebens wurde. Beim *Jungle Ultra*, einem sechstägigen extremen Ultramarathon-Lauf über eine Strecke von 250 km, mussten die Athleten nicht nur schwierigstes Gelände laufend, kletternd und schwimmend bewältigen, sondern dabei auch noch ihre komplette Ausrüstung und Expeditionsverpflegung (insgesamt rund zehn Kilogramm) selbst transportieren. Nach den täglichen Etappen von bis zu 100 km wurde unter freiem Himmel in Hängematten übernachtet, bevor es am nächsten Tag bei 40 °C und 100 % Luftfeuchtigkeit weiterging. Jeder einzelne dieser Läufer absolvierte

© Springer Fachmedien Wiesbaden GmbH, ein Teil von Springer Nature 2020
M. Ufer, *Motivationspsychologische Grundlagen des Flow-Erlebens*, essentials,
https://doi.org/10.1007/978-3-658-31681-5_1

an einem langen Wettkampftag fast so viele Kilometer wie eine komplette Fußballmannschaft zusammen. Pausentage gab es keine. Die Läufer bewegten sich dabei physisch und psychisch am Limit. Schmerzen waren unvermeidlich. Externe Unterstützung bei der Bewältigung dieser Herausforderung gab es so gut wie keine.

Während die Fußballer hochdotierte Gehälter verdienen, in den Spielpausen rund um die Uhr von einem Expertenteam gepflegt und versorgt werden, im Rampenlicht der Öffentlichkeit stehen und während des Turniers womöglich noch ihren Marktwert steigern, sieht das bei den Läufern gänzlich anders aus. Bei ihnen handelt es sich in der Regel um Amateure, die daheim parallel zu ihrem umfangreichen Trainingspensum meist einem Vollzeitjob nachgehen, mehrere Tausend Euro Startgelder sowie lange, selbstorganisierte Anreisen zum Wettkampfort in Kauf nehmen, um bei solchen Events überhaupt an den Start gehen zu können. Es winken weder Preisgelder noch besondere öffentliche Anerkennung. Und dennoch genießen solche extremen Lauf-Wettbewerbe eine zunehmende Popularität. Außenstehenden drängt sich oft die Frage auf, was diese Sportler antreibt, solche Strapazen auf sich zu nehmen. Was motiviert sie, obwohl es keine nennenswerten Belohnungen oder sonstige positive Folgen zu geben scheint, sondern ganz im Gegenteil, die Ausführung der Tätigkeit sogar mit erheblichen Qualen, Kosten und Aufwendungen verbunden ist? Was hilft ihnen außerdem womöglich während des Wettkampfes, solche strapaziösen Herausforderungen erfolgreich(er) zu bewältigen?

Eine mögliche Antwort auf diese Fragen könnte der ungarisch-amerikanische Psychologe Mihaly Csikszentmihalyi gefunden haben: Flow.

Und, falls Sie weniger sportinteressiert sind: Könnte die Antwort ebenfalls Flow lauten, wenn es nicht um eine extreme sportliche Herausforderung ginge, sondern um die Bewältigung einer wichtigen akademischen Prüfung, die Entwicklung einer Software, einen chirurgischen Eingriff, das Komponieren eines Musikstückes, Managen einer Schulklasse oder um andere Dinge des Alltags?

Zugegeben, der Begriff *Flow* ist trendy, omnipräsent und scheint ein exzellenter Verkaufsförderer zu sein. Es gibt Flow-Food, Flow-Yoga, Flow-Möbel usw. Schauen wir uns an, was sich jenseits von inflationärem Marketing-Slang aus wissenschaftlicher Sicht hinter dem Begriff verbirgt, welche Erkenntnisse über 40 Jahre Flow-Forschung zutage gefördert hat. Zunächst gehen wir der Frage nach, woher das Flow-Konzept stammt und welche Rolle es in der Motivationspsychologie spielen kann. Netter Zusatznutzen: Sie lernen ein Modell kennen, mit dem Sie Motivation vorhersagen können. Im Anschluss verständigen wir uns darauf, worüber wir eigentlich reden, wenn wir von Flow reden. Es folgen Erklärungsansätze hinsichtlich der Entstehung und Förderung von Flow.

Strategien zur Erfassung werden ebenso erläutert, wie möglichen Folgen von Flow, nicht nur die positiven. Abschließend gibt es einen kleinen Ausblick, der neugierig auf mehr machen dürfte. Zwischendurch lädt die Rubrik *Nachgefragt* zur Selbstreflexion und Übertragung des Gelesenen in den persönlichen Alltag ein. Und natürlich bin ich gespannt, wie Sie nach der Lektüre die einleitenden Fragen für sich beantworten werden.

Flow im Kontext der Motivationspsychologie: ein wichtiges Puzzle-Teil?

2

Motivation ist ein gesellschaftliches Top-Thema. Gefühlt werden wir täglich mit Motivationstipps berieselt, damit es endlich mit dem Abnehmen, Sporttreiben oder welcher Veränderung auch immer klappt. Und der Durst nach den ultimativen (Geheim-)Rezepten und motivationalen „Life Hacks" scheint nicht zu stillen zu sein. Nicht nur bei extremen Herausforderungen wie mehrtägigen Ultramarathon-Wettkämpfen, sondern in allen Lebensbereichen stellt sich oft die Frage nach dem „Warum". Aus welchem Grund und unter welchen Bedingungen tun Menschen das, was sie tun? Was treibt sie an oder demotiviert sie? Wie können wir Motivation zum Handeln vorhersagen und womöglich gezielt beeinflussen?

Es gibt verschiedene motivationspsychologische Ansätze, um diesen Fragen nachzugehen. Einer davon ist das sogenannte erweiterte kognitive Motivationsmodell. Es erzielt bei der Vorhersage von Verhalten erstaunlich hohe Trefferquoten und bietet gleichzeitig einen Rahmen zur Einordnung des Flow-Phänomens in den Kontext der Motivationspsychologie. Das Modell wurde von Heckhausen (1977) formuliert und erfuhr durch Rheinberg (1989) eine entscheidende zusätzliche Erweiterung. Zentral ist die Annahme zweier Motivationsquellen bzw. Anreiztypen, die zu unterschiedlichen Zeiten von Handlungsabläufen verankert sein können: zweck- und tätigkeitsorientierte Anreize.

2.1 Der zweckrationale Ansatz der Motivation

Das erweiterte kognitive Motivationsmodell tritt an, die Motivation ergebnisorientierter Handlungsabläufe zu beschreiben und besteht aus vier Elementen, anhand derer sich analysieren bzw. vorhersagen lässt, wann eine Person handelt, um ein bestimmtes Ergebnis zu erzielen: die Situation, eine mögliche Handlung,

© Springer Fachmedien Wiesbaden GmbH, ein Teil von Springer Nature 2020
M. Ufer, *Motivationspsychologische Grundlagen des Flow-Erlebens,* essentials,
https://doi.org/10.1007/978-3-658-31681-5_2

das Ergebnis der Handlung und die wahrscheinlich resultierenden Folgen der Handlung. In den meisten Situationen des Lebens finden wir mehrere Handlungsmöglichkeiten vor. Wir haben die Wahl, können uns für eine bevorzugte Handlungsalternative entscheiden, um ein bestimmtes Ergebnis zu erzielen. Das Ergebnis wiederum kann entsprechende Folgen nach sich ziehen. Aber wovon hängt es nun ab, ob wir für eine Handlung motiviert sind oder nicht? Um das einschätzen zu können, müssen wir zum einen berücksichtigen, ob die Folge dieses Handelns attraktiv genug für uns ist. Außerdem spielen drei verschiedene Erwartungshaltungen eine Rolle (Abb. 2.1).

Unter der *Situations-Ergebnis-Erwartung* verstehen wir die Vermutung, mit welcher Wahrscheinlichkeit ein bestimmtes Ergebnis auch ohne jegliches Handeln bzw. Eingreifen in die Situation eintritt. Stellen wir uns einen Vertriebsmitarbeiter vor, der im Auto sitzt, spät dran ist, und auf dem Weg zu einem wichtigen Termin von einer roten Ampel ausgebremst wird. Sehnsüchtig wartet er darauf, endlich weiterfahren zu können, um noch rechtzeitig zum vereinbarten Termin zu erscheinen. Sehr wahrscheinlich wird er kein Hupkonzert starten, da er davon ausgeht, dass die Ampel wieder auf grün schalten wird (Ergebnis), auch wenn er nicht beginnt wild zu hupen (Handlung). Wenn in einer bestimmten Situation auch ohne unser eigenes Zutun das Auftreten eines erwünschten Ergebnisses wahrscheinlich ist, warum sollten wir dann aktiv werden? Ergo: Dann ist eigenes Handeln nicht nötig. Eine hohe Situations-Ergebnis-Erwartung führt also zu einer verringerten Ausprägung der Handlungstendenz bzw. Motivationsstärke.

Bei der *Handlungs-Ergebnis-Erwartung* ist dies genau umgekehrt. Die Motivationsstärke ist umso größer, je mehr eine Person davon ausgeht, dass sie durch eigenes Handeln ein gewünschtes Ergebnis herbeiführen oder beeinflussen kann. Stellen wir uns einen Sportler vor, der eine persönliche Bestzeit beim Marathonlauf erreichen möchte. Ist er fest davon überzeugt, dass im Rahmen

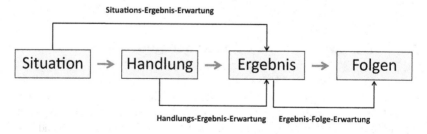

Abb. 2.1 Drei Erwartungstypen im erweiterten kognitiven Motivationsmodell. (Nach Rheinberg 1989)

seiner Vorbereitung Krafttrainingseinheiten das gewünschte Ergebnis wahrscheinlicher werden lassen, wird er vermutlich auch Zeit dafür investieren. Von besonderem Interesse für unsere Motivation ist die **Ergebnis-Folge-Erwartung**. Sie beschreibt die Einschätzung, mit welcher Wahrscheinlichkeit ein eintretendes Handlungsergebnis auch eine relevante Folge nach sich ziehen wird. Eine Folge für den Marathonläufer, der die persönliche Bestzeit realisiert, könnte eine erhöhte Aufmerksamkeit und Anerkennung im Verein, die Qualifikation zur Olympiade oder ein Sponsorenvertag mit einem Ausrüster sein. Ein positiver Einfluss auf die Motivation entsteht allerdings nur unter einer Bedingung: Die Folge muss auch attraktiv genug sein. Wenn dies der Fall ist, ist die Wirkung der Folge auf die Motivationsstärke umso höher, je größer die Attraktivität der Folge für eine Person ist.

Anhand der folgenden vier Fragen sollten konkrete Vorhersagen möglich sein, ob eine Person in einer bestimmten Situation handelt oder nicht.

1. Erscheint das Ergebnis durch die Situation bereits weitestgehend festgelegt?
2. Ist das Ergebnis durch eigenes Handeln hinreichend beeinflussbar?
3. Zieht das Ergebnis gewünschte Folgen sicher nach sich?
4. Sind die Folgen des Ergebnisses wichtig genug?

Wird die erste Frage mit ja beantwortet, wird die Person wahrscheinlich nicht handeln. Wird eine der Fragen zwei bis vier verneint, wird die Person vermutlich ebenfalls nicht handeln. Um beim Marathonläufer zu bleiben: Um Krafttraining in die Vorbereitung zu integrieren, muss sich der Sportler sicher sein,

1. dass sich ohne Krafttraining die neue Bestzeit nicht einstellen wird,
2. dass er durch Krafttraining das Ergebnis hinreichend beeinflussen kann,
3. dass die neue Bestzeit sichere Folgen nach sich zieht, die dem Sportler,
4. hinreichend wichtig sind.

Sollte eine der vier Bedingungen nicht gegeben sein, wird der Sportler wahrscheinlich kein Krafttraining in seine Vorbereitung einbauen, sodass man analog zu diesen vier Fragen auch vier Formen des motivationalen Ausstiegs bzw. der Demotivation nennen kann:

1. Die Handlung scheint *überflüssig*.
2. Die Handlung scheint *wirkungslos*.
3. Die Handlung hat *keine sicheren Folgen*.
4. Die möglichen *Folgen scheinen wertlos*.

Anhand dieses Analyseschemas ließ sich in Untersuchungen hinsichtlich der Vorbereitung auf schulische und universitäre Prüfungen eine Trefferquote von 70 % bis 90 % erzielen, wenn es um die Vorhersage ging, ob sich eine Person so viel vorbereitet, wie es zum sicheren Erreichen eines anvisierten Ergebnisses erforderlich schien (Rheinberg 1989).

Zusammenfassend kommt in diesem Modell der Attraktivität der Folgen eine zentrale Bedeutung zu: Je höher der Anreiz der Folgen, desto eher wird eine Person eine Handlung initiieren oder aufrechterhalten. Allerdings wurde in diesem Modell eine ganz wesentliche Motivationsquelle übersehen bzw. fand noch keine explizite Beachtung. Neben den zweckorientierten, auf attraktiven Ergebnisfolgen gründenden Handlungen, können Tätigkeiten auch um ihrer selbst willen ausgeführt werden. Der Anreiz bzw. die Motivation liegt im Reiz der Handlung selbst begründet, nicht in den erwarteten Folgen. Dies führte zu einer erneuten Erweiterung des Modells.

Nachgefragt

- Überlegen Sie sich drei Situationen, in denen Sie (oder andere Menschen in Ihrem Umfeld) wenig motiviert waren. Woran hat es nach dem obigen Modell gelegen?
- Wie könnten Sie zukünftig in ähnlichen Situationen die Motivation erhöhen? ◄

2.2   Tätigkeitsanreize als Motivationsquelle

Menschen werden selbstverständlich häufig aktiv, um konkrete Ergebnisse zu erzielen, die wiederum attraktive Folgen haben. Das, was eine Handlung auslöst, kommt hier sachlogisch und zeitlich erst nach Beendigung der Tätigkeit. Es kann aber auch sein, dass Handlungen einfach nur um ihrer selbst willen durchgeführt werden. Und zwar unabhängig davon, welche Folgen sie haben. Anders gesagt: nicht die Folgen motivieren, sondern die Tätigkeit an sich. Dieser Sachverhalt führte zu einer Erweiterung des erweiterten kognitiven Motivationsmodells, bei dem neben den zweckorientierten Folgeanreizen auch die sogenannten tätigkeitszentrierten Anreize als eigenständige Motivationsquelle Berücksichtigung finden (Abb. 2.2).

Stellen wir uns zum Beispiel einen Fahrradfahrer während einer genüsslichen Tour vor: Womöglich braucht er kein attraktives Programm am Endpunkt der Fahrt, denn es geht ihm in erster Linie um den Reiz des Radfahrens selbst.

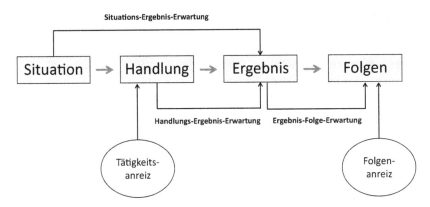

Abb. 2.2 Zweck- und tätigkeitszentrierte Anreize im erweiterten kognitiven Motivationsmodell. (Nach Rheinberg 1989)

Das erklärt, warum bei attraktiven Tätigkeitsanreizen oft gar kein schnelles Ende gewünscht ist oder nach Beendigung der Tätigkeit die erneute Aufnahme eben dieser Tätigkeit zeitnah angestrebt wird.

Beide Anreiztypen sind hier natürlich nur modellhaft und vereinfacht gegenübergestellt, können in der Praxis aber in verschiedenen Kombinationen und Verbindungen auftreten. Nun stellt sich eine spannende Frage: Wie sieht die Vorhersagekraft des Modells aus, wenn neben den Folgereizen auch die Tätigkeitsanreize bei der Prognose berücksichtigt wurden? Es zeigte sich, dass die Trefferquote bezüglich des Engagements bei der Vorbereitung auf wichtige Prüfungen in Schule oder Universität auf nahezu 100 % erhöht werden kann (Rheinberg 1989). Darüber hinaus können Motivationsdefizite relativ differenziert auf einen oder mehrere der drei Erwartungstypen, auf unzureichende Anreize bei den Folgen oder dem Tätigkeitsvollzug zurückgeführt werden. Da auf der Ebene der zweckzentrierten Motivation gleich vier Bedingungen erfüllt sein müssen, um eine Handlungsausführung zu initiieren, ist dieser Bereich der Motivation relativ störanfällig und sensibel gegenüber Situationsveränderungen. Demgegenüber ist die tätigkeitszentrierte Motivation deutlich robuster und einfacher strukturiert: Besteht die Möglichkeit, eine als attraktiv wahrgenommene Tätigkeit ohne größere negative Folgen auszuführen, ist die Wahrscheinlichkeit relativ groß, dass diese auch tatsächlich ausgeführt wird.

Innerhalb der Kategorie der Tätigkeitsanreize können wir tätigkeitsspezifische und tätigkeitsübergreifende Anreize unterscheiden. Tätigkeitsspezifische

Anreize sind eng mit der jeweiligen Handlungsdurchführung im entsprechenden Kontext verknüpft. Schwimmer erleben womöglich das Gefühl des Dahinfließens im Wasser als besonders attraktiv, Musiker das Gefühl, wie die Finger über das Instrument laufen, Surfer das Geräusch des Zischens ihres Surfbrettes, etc. (Rheinberg und Engeser 2018). Im Gegensatz dazu gibt es Tätigkeitsanreize, die in verschiedenen Aktivitäten und unterschiedlichen Kontexten immer wieder zu finden sind. Ein prominentes Beispiel für einen tätigkeitsübergreifenden Anreiz ist das sogenannte Flow-Erleben.

Nachgefragt

- Wie würden Sie die obigen Situationen, in denen Sie wenig motiviert waren, anhand des erweiterten Modells jetzt einschätzen?
- Was würden Sie Personen, die abnehmen oder mehr Sport treiben möchten, empfehlen, um die Motivation zu erhöhen? ◀

2.3   Die Geburtsstunde des Flow

Seit Mitte der 1960er Jahre befasste sich der ungarisch-amerikanische Psychologe Mihály Csikszentmihalyi mit der Qualität von Erlebnissen und weniger mit den möglichen Funktionen und Folgen von Handlungen, wie dies in der traditionellen Motivationsforschung üblich war. Er beobachtete unter anderem Maler, die hochkonzentriert an ihren Werken arbeiteten und sich während des Schaffensprozesses für nichts anderes mehr zu interessieren schienen. Sobald die Bilder fertig gestellt waren, verloren die Künstler das Interesse an ihnen und wendeten sich neuen Bildern zu. Der Reiz bzw. die Belohnung war anscheinend das Malen selbst. Im Rahmen groß angelegter Interview-Studien ging Csikszentmihalyi (1975) der Frage nach, was genau die Ausführung einer Tätigkeit so attraktiv macht, dass diese immer wieder ausgeführt wird, selbst wenn nur eine geringe oder gar keine Belohnung zu erwarten ist oder die Ausführung sogar mit relativ hohen Kosten verbunden ist. Obwohl die Probanden aus gänzlich unterschiedlichen Bereichen kamen (Schachspieler, Musiker, Tänzer, Maler, Computerspieler, Bergsteiger, Ärzte etc.), zeigte sich, dass diese immer wieder von einem speziellen, als positiv empfundenen Erlebnismuster berichteten und angezogen wurden: dem gänzlichen, selbstvergessenen Aufgehen in der Tätigkeit, bei dem nur das Hier-und-Jetzt zu zählen und alles andere in Vergessenheit zu geraten scheint. Ein Moment, der gekennzeichnet ist durch das völlige Eintauchen in die und das Verschmelzen mit der Tätigkeit, bei dem man gefordert ist und dennoch die Dinge unter Kontrolle hat, bei dem die Handlungssteuerung intuitiv und wie auf Autopilot funktioniert, während alle störenden Reize ausgeblendet sind und die Dinge einfach zu fließen scheinen. Csikszentmihalyi (1975) hat die Bedeutung dieses hochfokussierten Zustands des scheinbar mühelosen Gelingens erkannt und gab ihm einen eingängigen, naheliegenden Namen: *Flow.*

Seit Einführung des Flow-Konzepts hat dieses zu zahlreichen Forschungsaktivitäten in den unterschiedlichsten Domänen geführt. Auch außerhalb der wissenschaftlichen Psychologie wurde Flow zu einem viel beachteten Thema und sorgte für viele populärwissenschaftliche Publikationen, Ratgeber und Coachingangebote. Einer der Gründe für die Popularität ist sicherlich, dass die meisten Menschen diesen Zustand aus ihrem eigenen Leben kennen und bereits auf die eine oder andere Weise erlebt haben. Hinzu kommen eine Reihe positiver Effekte, die dem Flow zugeschrieben werden. Darüber hinaus war Csikszentmihalyi, der sich in seinem Werk auf das freudvolle Aufgehen im Tun als Motivationsquelle fokussiert, einer der Wegbereiter einer neuen Strömung innerhalb der Psychologie, die seit der Jahrtausendwende zunehmende Beachtung findet: die *Positive Psychologie.* Statt auf Probleme und Defizite sowie deren „Reparatur" soll der Blick verstärkt auf positive Aspekte des Menschseins gerichtet werde, wie Glück, Zufriedenheit, Optimismus, Wachstum, Exzellenz, die Aktivierung vorhandener Ressourcen und Potenziale, stärkende Erlebnisse (Seligmann und Csikszentmihalyi 2000).

Nachgefragt

- Welche Situationen in Ihrem Leben fallen Ihnen ein, in denen Sie Flow erlebt haben? Was haben Sie getan und wie hat es sich für Sie angefühlt?
- Konnten Sie Mitmenschen beobachten, während diese im Flow waren? Wenn ja, woran haben Sie es erkannt und wie haben diese auf Sie gewirkt? ◄

Was genau ist und woran erkennen wir Flow?

3

Seit den Anfängen der Flow-Forschung vor rund 45 Jahren hat es zwar einige Anpassungen und Variationen hinsichtlich der ursprünglichen Definition und Beschreibung der zentralen Merkmale von Flow nach Csikszentmihalyi (1975) gegeben. Allerdings gelangen Engeser et al. (im Druck) zur Einschätzung, dass es sich hierbei insgesamt lediglich um geringfügige Unterschiede handelt und dass in weiten Teilen der Forschungsgemeinschaft größtenteils Einigkeit über die Definition von Flow sowie die Flow konstituierenden Komponenten herrscht.

Rheinberg, der als prominenter und langjähriger Vertreter der Flow-Forschung im deutschsprachigen Raum gilt, definiert Flow in Anlehnung an Csikszentmihalyi als einen meist angenehm erlebten „Zustand des reflexions-freien gänzlichen Aufgehens in einer glatt laufenden Tätigkeit" (Rheinberg 2004, S. 156) und beschreibt die einzelnen Flow-Komponenten zusammengefasst nach Csikszentmihalyi (1975) wie folgt:

1. Passung zwischen Fähigkeit und Anforderung. Man fühlt sich optimal beansprucht und hat trotz hoher Anforderungen das sichere Gefühl, das Geschehen noch unter Kontrolle zu haben.
2. Handlungsanforderungen und Rückmeldungen werden als klar und inter-pretationsfrei erlebt, sodass man jederzeit und ohne nachzudenken weiß, was jetzt richtig zu tun ist.
3. Der Handlungsablauf wird als glatt erlebt. Ein Schritt geht flüssig in den nächsten über, als liefe das Geschehen gleitend wie aus einer inneren Logik. (Aus dieser Komponente rührt wohl die Bezeichnung „Flow")
4. Man muss sich nicht willentlich konzentrieren, vielmehr kommt die Konzentration wie von selbst, ganz so wie die Atmung. Es kommt zum Aus-

© Springer Fachmedien Wiesbaden GmbH, ein Teil von Springer Nature 2020
M. Ufer, *Motivationspsychologische Grundlagen des Flow-Erlebens*, essentials,
https://doi.org/10.1007/978-3-658-31681-5_3

blenden aller Gedanken, die nicht unmittelbar auf die jetzige Ausführungs-
regulation gerichtet sind.

5. Das Zeiterleben ist stark beeinträchtigt; man vergisst die Zeit und weiß nicht,
   wie lange man schon dabei ist. Stunden vergehen wie Minuten.

6. Man erlebt sich selbst nicht mehr abgehoben von der Tätigkeit, man geht viel-
   mehr gänzlich in der eigenen Aktivität auf (sog. Verschmelzen von Selbst und
   Tätigkeit). Es kommt zum Verlust von Reflexivität und Selbstbewusstheit.
   (Rheinberg 2004, S. 157)

Bei den genannten Flow-Komponenten handelt es sich ausschließlich um
Merkmale, die tätigkeitsübergreifend Flow-Zustände beschreiben und keiner-
lei Aussagen über die ausgeführten Tätigkeiten an sich machen. Eine Reihe
von Studien weist darauf hin, dass diese Flow-Komponenten regelmäßig und
unabhängig von Alter, Geschlecht, soziökonomischen Status oder kulturellem
Hintergrund berichtet werden (Allison und Duncan 1991; LeFevre 1991;
Massimini und Carli 1991; Nakamura und Csikszentmihalyi 2009). Flow wurde
„in gleichen Worten von alten Frauen in Korea geschildert, von Erwachsenen in
Thailand und Indien, von Teenagern in Tokio, von Navajo-Hirten, Bauern in den
italienischen Alpen und Arbeitern am Fließband in Chicago" (Csikszentmihalyi
1992, S. 17). Die Merkmale fanden sich regelmäßig im Sport, Beruf, in
der Kunst, beim Militär, beim schulischen und universitären Lernen, in der
Mensch-Maschine-Interaktion, in Freizeitaktivitäten usw (Engeser et al. im
Druck).

Um Flow zu erleben, müssen die Merkmale nicht immer gleichzeitig und in
gleicher Intensität vorkommen. Während im Alltagsverständnis oft von einem
Entweder-Oder-Verständnis ausgegangen wird (entweder man ist im Flow
oder nicht), wird in der Flow-Theorie und Forschung zunächst ein Kontinuum
angenommen, auf dem das bei aller Ähnlichkeit doch immer auch sehr subjektive
Flow-Erleben zu lokalisieren ist. Das Flow-Kontinuum wird von den beiden
Polen Micro-Flow (leichtes Flow-Erleben) und Deep-Flow (tiefes Flow-Erleben)
aufgespannt. Flow ist umso intensiver, je mehr Flow-Komponenten insgesamt
und je intensiver die einzelnen Komponenten erlebt werden. Es ist also durchaus
möglich und üblich, dass situativ nur einzelne Komponenten mal mehr und mal
weniger intensiv oder häufig erlebt werden (Moneta 2012).

Beispiele für Micro-Flow sind z. B. Äußerungen darüber, dass auf angenehme
Weise „die unwillkürliche Konzentration", „die Abwesenheit von Kompetenz-
zweifeln" und „die Flüssigkeit des Handlungsablaufes" erlebt wird (Thiel und
Kopf 1989, zit. in Rheinberg 1996, S. 109). Im Deep-Flow kommt es hingegen
zu einer intensiven Wahrnehmung des „Eins sein mit der Welt". Es verschmelzen

nicht nur Körper und Geist, Person und Tätigkeit, sondern auch die Person mit dem kompletten Umfeld. Das kann so weit gehen, dass die Person das Gefühl hat, mit Arbeitsinstrumenten oder Sportgeräten, wie dem Computer, Bügeleisen, Lötkolben, Ball, Korb oder den Zuschauern förmlich eins zu werden. Der Maler Paul Klee formulierte das sehr anschaulich: „Die Farbe hat mich. Ich brauche nicht nach ihr zu haschen, sie hat mich für immer, ich weiß das. Das ist der glücklichsten Stunde Sinn: Ich und die Farbe sind eins". Ein weiteres Beispiel aus der Welt des Sports verdeutlicht das intensive Erlebnis des Verschmelzens:

> „Es war der Moment des Schweigens – der Augenblick der Wahrheit. (....) Ich war nur noch Bewegung, nichts sonst. Es gab keine Welt mehr, keine Meere, keine Sterne. Da gab es nur noch das Hochreck und einen selbstvergessenen, gedankenfreien Turner – und bald verschmolzen auch sie zu einer Bewegungseinheit" (Millman 2004, S. 187 f.).

Sowohl bei Micro- als auch bei Deep-Flow-Erfahrungen kann das Zeiterleben auf unterschiedliche, geradezu gegensätzliche Weise wahrgenommen werden. Langstreckenläufer im Flow berichten oft, dass stundenlange Trainingsläufe wie im Fluge vergehen, sie plötzlich am Ziel oder wieder daheim angekommen sind und sich manchmal gar nicht mehr an die zurückgelegte Strecke erinnern. Bei Sportarten mit hohen Anforderungen an die Reaktions- und Bewegungsschnelligkeit, wie zum Beispiel bei einem Fußballer vor dem gegnerischen Tor, ist das Zeiterleben im Flow oft extrem verlangsamt und alles wird quasi wie in Zeitlupe wahrgenommen, als hätte man alle Zeit der Welt und könnte in Ruhe die Details einer Situation erfassen, sich entscheiden und die richtige Handlung ausführen.

Nachgefragt

- Eine gute Kollegin erfährt, dass Sie sich grad mit Flow beschäftigen und fragt Sie, was Flow eigentlich genau bedeutet. Was wäre Ihre knackige Antwort?
- Welche Situationen fallen Ihnen ein, wo Sie eher im Deep oder Micro Flow waren? Was genau haben Sie dann erlebt und gedacht? ◄

Ein Blick hinter die Kulisse: Wie entsteht Flow?

4

Kommen wir zur nächsten interessanten Frage: wie gelangen wir in den Flow-Zustand? Was passiert dabei in unserem Körper? Welche Faktoren können sich förderlich oder hinderlich auswirken?

4.1 Das Kanal-Modell des Flow-Erlebens

Ein zentrales Postulat der Flow-Theorie ist, dass Flow vor allem dann entsteht, wenn ein optimales Gleichgewicht zwischen der Höhe der Anforderungen einer Situation und den vorhandenen Fähigkeiten einer Person besteht. Diesen Zusammenhang zwischen den Anforderungen, Fähigkeiten und dem Auftreten von Flow hat Csikszentmihalyi (1975) im sogenannten Kanalmodell des Flow-Erlebens dargestellt (Abb. 4.1).

Flow tritt demnach lediglich in einem relativ begrenzten Bereich ein, in welchem sich die situativen Anforderungen und die eigenen Fähigkeiten in einer optimalen Balance befinden. Unter Anforderung ist hier die objektive Schwierigkeit einer Tätigkeit bzw. zu bewältigenden Aufgabe zu verstehen, wie zum Beispiel der Schwierigkeitsgrad einer Kletterroute, eines Musikstückes oder chirurgischen Eingriffs. Bezüglich der eigenen Fähigkeiten scheint weniger das tatsächliche Können entscheidend zu sein, sondern vor allem die subjektive Wahrnehmung einer Person. „Sie müssen sich darüber im Klaren sein, dass das, was sie glauben, leisten zu können, die Qualität des Erlebnisses stärker beeinflusst, als ihre eigenen Fähigkeiten" (Csikszentmihalyi und Jackson 2000, S. 25).

Bei geringen Anforderungen und geringen Fähigkeiten ist Flow demnach genauso möglich, wie bei hohen Anforderungen gepaart mit einem hohen Maß an Fähigkeiten. Hieraus ergibt sich die Darstellung der sogenannten

© Springer Fachmedien Wiesbaden GmbH, ein Teil von Springer Nature 2020   17
M. Ufer, *Motivationspsychologische Grundlagen des Flow-Erlebens*, essentials,
https://doi.org/10.1007/978-3-658-31681-5_4

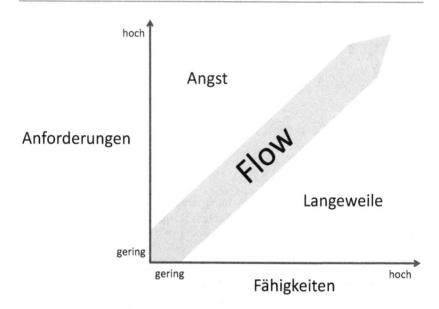

Abb. 4.1 Das Kanalmodell des Flow-Erlebens

Flow-Diagonalen. Innerhalb dieses schmalen Bereichs optimaler Beanspruchung kann das Gefühl der völligen Konzentration, des selbstvergessenen, mühelosen Gelingens und des Verschmelzens mit der Tätigkeit entstehen.

Wenn die eigenen Fähigkeiten größer sind als die Anforderungen der Situation, kommt es zur Unterforderung. Da die Aufmerksamkeit nicht mehr voll und ganz durch die Ausführung der Tätigkeit selbst beansprucht ist, besteht die Gefahr, dass andere aufgabenirrelevante Inhalte ins Bewusstsein rücken bzw. die Aufmerksamkeit auf Dinge gerichtet wird, die nicht direkt mit der Handlungsausführung zu tun haben. Diese Ablenkungseffekte erschweren oder verhindern das Eintauchen in den Handlungsfluss und das völlige Aufgehen in der Tätigkeit. Im schlimmsten Fall entsteht Langeweile. Wenn die Anforderungen die eigenen Fähigkeiten hingegen übersteigen, kommt es zur Überforderung. Eine optimale Handlungssteuerung und ein glatter Handlungsfluss sind unter diesen Voraussetzungen ebenfalls kaum möglich. Der Handlungsablauf kann ins Stocken gelangen. Anstatt in der Tätigkeit aufzugehen, werden bewusste Kontrollmechanismen aktiviert, um Handlungen zu optimieren oder zu korrigieren. Im schlimmsten Fall können sich Gefühle und Gedanken von Angst einstellen. Das Flowkanal-Modell scheint somit Pate gestanden zu haben für den Titel des Grundlagenwerks von Csikszentmihalyi (1975): „Beyond Boredom und Anxiety", in welchem er seine Flow-Theorie erstmals in Buchform veröffentlichte.

Im Laufe der Zeit hat es aufgrund neuerer Forschungsergebnisse einige Überarbeitungen und Erweiterungen des ursprünglichen Kanalmodells gegeben (Abb. 4.2). Das sogenannte Quadrantenmodell (Csikszentmihalyi und Csikszentmihalyi 1991) geht, wie auch das Kanalmodell, davon aus, dass sich Flow einstellt, wenn ein Gleichgewicht zwischen den Anforderungen und Fähigkeiten herrscht. Allerdings wird noch eine weitere Bedingung für das Entstehen von Flow formuliert: Die Anforderungen und Fähigkeiten müssen auf überdurchschnittlich hohem Niveau ausgeprägt sein.

Die beiden Pfeile im Quadranten-Modell markieren einen kritischen Punkt. Nur wenn das Anforderungs- und Fähigkeitsniveau über diesem Punkt liegt, ist demnach Flow möglich. Sind sowohl die Anforderungen als auch die Fähigkeiten niedrig ausgeprägt, führt dies, selbst wenn eine Balance besteht, zu Apathie bzw. gleichgültigem Desinteresse. Das Oktanten-Modell (Massimini und Carli 1991) geht von den gleichen Annahmen aus wie das Quadranten-Modell, unterscheidet jedoch nicht nur zwischen hoher vs. niedriger Ausprägung der Anforderungen und Fähigkeiten, sondern differenziert jeweils zwischen hohem, mittlerem und niedrigem Niveau. Das Resultat ist ein noch differenzierteres Modell, welches je nach Konstellation von Anforderungen und Fähigkeiten acht Zustände voneinander abgrenzt und deshalb auch 8-Kanal-Modell des Flow-Erlebens genannt wird.

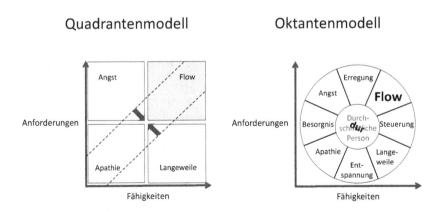

Quadrantenmodell   Oktantenmodell

Abb. 4.2 Quadranten- und Oktanten-Modell des Flow-Erlebens

Die Modellerweiterungen sind allerdings nicht ohne Kritik geblieben. Deutsch et al. (2009, S. 75) sind skeptisch, „ob diese Art der Differenzierung der Diskussion um den Flow-Zustand tatsächlich nützt". Sie kritisieren, dass nicht mehr der Flow-Zustand im Vordergrund steht, sondern eine Reihe von Gefühlen, die das Ergebnis verschiedener Kombinationen von Anforderungen und Fähigkeiten darstellen. Rheinberg und Engeser (2018) merken außerdem an, dass die Modellerweiterungen u. a. auf problematischen Studiendesigns basieren, was insgesamt zu einer unklaren Befundlage führte (s. hierzu auch Kap. 5). Auch die Annahme, dass Flow nur bei überdurchschnittlichen Anforderungen und Fähigkeiten auftritt, konnte widerlegt werden. Bei komplexen Tätigkeiten, die ein gewisses automatisiertes Fertigkeitsniveau erfordern, um in einen glatten Handlungsablauf eintreten zu können, wie z. B. das Klavierspielen, Windsurfen oder Golfen erleben geübte Experten tatsächlich eher Flow als Novizen. Bei einfachen Tätigkeiten können aber auch Anfänger zuverlässig in den Flow-Zustand gelangen, wenn eine Passung zwischen Anforderungen und Fähigkeiten vorhanden ist (Rheinberg und Engeser 2018; Stoll und Ufer, im Druck).

Fassen wir zusammen: Die optimale Passung zwischen Anforderungen und Fähigkeiten stellt eine wesentliche Voraussetzung für Flow dar. Insbesondere dann, wenn die Aufgabe den vollen Einsatz der einer Person zur Verfügung stehenden Fähigkeiten verlangt, ohne zu über- oder unterfordern, wird ein reflexionsfreies Aufgehen in einer glatt laufenden Tätigkeit wahrscheinlich. Diese zentrale Bedeutung einer optimalen Balance zwischen den Anforderungen und Fähigkeiten für die Entstehung von Flow wurde vielfach bestätigt. Allerdings stellt sie keine Garantie dar, dass eine Person tatsächlich in einen Flow gerät (Deutsch et al. 2009). Weitere Faktoren können eine Rolle spielen. Dies sind zum einen situative Aspekte, wie das soziale Umfeld, die Möglichkeit, einer Tätigkeit ohne Störungen/Unterbrechungen von außen nachzugehen, kurzfristige Variationen der Aufgabenschwierigkeit, die Bedeutung einer Aufgabe, mögliche negative Konsequenzen sowie persönliche Merkmale, wie wir im nächsten Abschnitt sehen werden.

Nachgefragt

- Welche eher langweiligen, aber notwendigen Alltagstätigkeiten fallen Ihnen ein? Was könnten Sie tun, um diese Flow-förderlicher zu gestalten?
- Wenn Sie an Situationen von punktueller oder längerfristiger Überforderung denken: Wie könnten Sie sich wieder in den Flow-Kanal navigieren? ◄

4.2 Persönliche Einflussfaktoren

Csikszentmihalyi (1975) hat bereits zu Beginn seiner Flow-Forschung die Annahme geäußert, dass manche Menschen aufgrund ihrer Persönlichkeit eher Flow erleben als andere und spricht in diesem Zusammenhang von „autotelischer Persönlichkeit" (von griechisch *autos* = selbst und *telos* = Ziel). Er meint damit Menschen, die in der Regel schneller und öfter als andere in einen Flow-Zustand gelangen. Das ist ihnen möglich, weil sie durch gedankliche Umdeutungen und -strukturierungen bestimmte Situationen besser in Flow-konformere Aktivitäten bzw. Herausforderungen umwandeln können. Sie tun Dinge außerdem eher um ihrer selbst willen, lassen sich weniger von äußeren Zwängen oder Erwartungen leiten und schöpfen daraus ihre Kraft. Befunde von Ellis et al. (1994) scheinen dies zu stützen. Das Konzept der autotelischen Persönlichkeit floss in die Entwicklung eines Instruments zur Messung von Flow ein, bei dem Jackson et al. (2008) gezielt zwischen dem situativen Flow-Zustand (state flow) und der situationsübergreifenden Neigung, Flow zu erleben (trait flow) differenzieren.

Erkenntnisse zum Thema Absorptionsfähigkeit unterstützen die Annahme, dass manche Menschen eher Flow erleben als andere. Ein wesentliches Merkmal für Flow ist das Versunkensein in der Tätigkeit. Hierfür ist die Absorptionsfähigkeit von zentraler Bedeutung, d. h. die Fähigkeit, Ablenkungen auszublenden, sich stark auf einen Gegenstandsbereich zu konzentrieren und förmlich mit ihm zu verschmelzen. Studien im Bereich der Hypnoseforschung und über veränderte Bewusstseinszustände weisen darauf hin, dass sich Menschen bezüglich dieser Fähigkeit ganz erheblich unterscheiden können (Glisky et al. 1991). Wenngleich die Absorptionsfähigkeit eine hohe erbliche Komponente besitzt, kann sie durch gezielte Übung weiterentwickelt werden (Vaitl 2012).

Die bereits in der Kindheit angelegte Ausprägung der Leistungsmotivation kann ebenfalls eine wichtige Rolle spielen. Wir können zwischen erfolgszuversichtlichen und misserfolgsängstlichen Menschen unterscheiden (Atkinson 1957). Erfolgszuversichtliche Menschen sind durch die Hoffnung auf Erfolg angetrieben. Sie suchen sich in der Regel realistische Aufgaben mit mittlerer Schwierigkeit, um ihre Fähigkeiten optimal einzusetzen. Dadurch tendieren sie zu einer Passung von Anforderungen und Fähigkeiten. Misserfolgsängstliche Menschen, d. h. Personen mit Furcht vor Misserfolg, vermeiden aus Angst vor dem möglichen Versagen (realistische) Herausforderungen. Sie setzen sich deshalb eher zu leichte oder zu schwierige Ziele, wodurch die optimale Passung verhindert wird. Ersteres könnte man als Flow-förderlich, letzteres als Flow-hinderlich bezeichnen. Während erfolgszuversichtliche Personen bei einer optimalen Balance eher in einer Tätigkeit aufgehen, haben misserfolgsängstliche Personen eher die Befürchtung, versagen zu können und scheinen Flow deshalb insbesondere dann zu erleben, wenn ihre Fähigkeiten größer sind als die Anforderungen (Wagner und Keller, im Druck). Und Menschen, die ein hohes Maß an Stimulation benötigen und besonders offen für Erfahrungen sind, sog. Sensation Seeker, erleben Flow eher, wenn sie leicht überfordert sind, da dies das innere Bedürfnis nach besonders intensiven Reizen anspricht.

Ein Aspekt der Persönlichkeit wurde bereits im Rahmen der Erläuterung des Flowkanal-Modells erwähnt: die Wahrnehmung der eigenen Fähigkeiten. Die Einschätzung, bestimmte Herausforderungen meistern zu können, scheint wichtiger als die tatsächliche Ausprägung der Fähigkeiten zu sein. Die sogenannte Selbstwirksamkeitserwartung lässt sich gezielt fördern (Jackson 1995; Peifer und Wolters, im Druck). Jackson et al. (2001) konnten darüber hinaus positive Zusammenhänge zwischen Flow und dem Einsatz einiger psychologischer Fertigkeiten aufzeigen. Je öfter Techniken wie z. B. die Emotions- und Gedankenkontrolle, Aktivierungs- oder Entspannungstechniken angewendet werden, desto häufiger und intensiver kommt es zum Flow-Erleben. Praxiserprobte Ansätze und zahlreiche Übungen zum psychologischen Training, die sich in verschiedensten Tätigkeitsbereichen bewährt haben, finden sich bei Ufer (2017c).

Auch die Tagesform und Grundstimmung einer Person kann das Flow-Erleben beeinflussen. Hierunter fallen Aspekte wie Schlaf, das allgemeine Stressniveau sowie Ängste und Sorgen, die womöglich zu häufiger gedanklicher Beschäftigung und Ablenkung führen (Jackson und Roberts 1992). Debus et al. (2014) zeigten in einer Studie, dass die Erholung ein relevanter Einflussfaktor sein kann. Je ausgeruhter Software-Experten morgens waren, desto mehr Flow erlebten sie im Laufe des Tages, und zwar in Form einer U-Kurve: hoher Flow zu Beginn und am Ende des Tages, niedriger Flow nach der Mittagspause. Wer sich nicht erholt fühlte, zeigte im Laufe des Tages kontinuierlich abnehmende Flow-Werte auf einem insgesamt niedrigen Niveau.

Die Erkenntnisse zur Passung von Anforderungen und Fähigkeiten, persönlichen und situativen Einflussfaktoren können wir nach Baumann (2012) wie folgt zusammenführen. Manche Menschen suchen verstärkt und aktiv Flow-förderliche Situationen auf oder schaffen sie sich selbst. Häufig, aber nicht immer, wird bei einer optimalen Passung Flow erlebt. Die Wahrnehmung, Initiierung und der Erhalt einer optimalen Passung ist ein aktiver, selbstregulatorischer Prozess, der von manchen Menschen besser bewältigt wird als von anderen. Rheinberg (2002) spricht in diesem Zusammenhang auch von motivationaler Kompetenz und meint „die Fähigkeit, aktuelle und künftige

Situationen so mit den eigenen Tätigkeitsvorlieben in Einklang zu bringen, dass effizientes Handeln auch ohne ständige Willensanstrengung möglich wird" (S. 206). Motivationale Kompetenz basiert auf der Übereinstimmung (unbewusster) impliziter und (bewusster) expliziter Motive sowie der Fähigkeit, Situationen Flow-förderlich zu gestalten. Die positive Auswirkung einer Motivpassung auf Flow wurde wiederholt empirisch bestätigt.

Eine Reihe von Fallbeispielen aus der Praxis dokumentieren, dass motivationale Kompetenz gezielt entwickelbar ist und sich positiv auf das Flow-Erleben, die Leistung und Zufriedenheit auswirken kann (Ufer 2017b, 2017c, 2018).

Nachgefragt

- Wie sieht der Verlauf Ihrer „Flow-Kurve" während eines durchschnittlichen Arbeitstages aus? Eher in Form einer U-Kurve, stetig abnehmend, oder gibt es womöglich je nach Tätigkeit Höhen und Tiefen und falls ja, woran könnte es liegen?
- Welche Ansätze möchten Sie zukünftig ausprobieren, um die Wahrscheinlichkeit auf mehr oder intensiveres Flow-Erleben zu erhöhen? ◀

4.3 Psychophysiologische und neurokognitive Ansätze

Wenn wir schlafen, ist unser Gehirn in einem anderen Zustand, als wenn wir wach sind. Diesen Unterschied kann man neurophysiologisch beschreiben, ganz gleich, wie tief oder leicht der Schlaf ist bzw. wie der Schlaf subjektiv wahrgenommen wird. Auf der Grundlage der Beobachtung solcher Unterschiede können Erklärungsansätze entwickelt werden, was genau im Gehirn beim Wechsel vom einen in den anderen Zustand passiert. Was aber passiert im Gehirn während des Flow-Erlebens? Obwohl der Flow-Zustand bereits seit Jahrzehnten erforscht wird, sind die zugrunde liegenden physiologischen Mechanismen bisher zwar weitestgehend unbekannt (Schneider 2013). Dennoch sollten wir davon ausgehen, dass auch dem Flow-Zustand, bei aller Subjektivität im Erleben und Unterschiede in der Intensität, reproduzierbare und beschreibbare (hirn-) physiologische Prozesse zugrunde liegen. Das vorliegende Forschungsdefizit liegt unter anderem darin begründet, dass die aktuell vorhandenen technischen Möglichkeiten bisher noch keine zufriedenstellenden Verfahren anbieten, um neurophysiologische Muster von Flow während engagierter Aktivität zuverlässig zu messen, was umso mehr auf den Sportkontext zutrifft. Das wiederum hat zur Folge, dass es kaum belastbare empirische Studien gibt, die die wenigen bisherigen, mitunter widersprüchlichen Erklärungsversuche untermauern könnten. Nicht ohne Grund fordern Peifer und Tan (im Druck) deshalb eine deutliche Erhöhung der Forschungsaktivitäten in diesem Bereich. Die bisher vorliegenden Ansätze sind meist theoretischer Natur und unterliegen der Schwäche, dass sie relativ isolierte Phänomene betrachten, was der Komplexität des Flow-Phänomens jedoch kaum gerecht wird (Stoll und Pithan 2016). Einige Beispiele:

- **Runner's High:** Die lange Zeit populärste Erklärung, dass während sportlicher Aktivität Beta-Endorphin im Gehirn entsteht und wie eine körpereigene Droge für euphorische Gemütszustände führt, Läufer sprechen gern vom „Runners High", gilt nach Stoll und Pithan (2016) in der Wissenschaft größtenteils als widerlegt und wenig hilfreich zur Erklärung von Flow. Hingegen könnten die Neurotransmitter Dopamin und Serotonin von Bedeutung sein (Vaitl 2012). Auch die sogenannten Endocannabinoide dürften eine Rolle spielen. Ähnlich wie das pflanzliche Pendant sorgen die körpereigenen Botenstoffe für Entspannung, Schmerzlinderung, verringertes Angstempfinden, veränderte Wahrnehmung von Zeit und Raum sowie allgemeines Wohlbefinden. Wie die konkreten Zusammenhänge bei der Entstehung von Flow allerdings aussehen, sind noch unklar.
- **Stress/Cortisol:** Peifer und Tan (im Druck) berichten von einer Studie, in der sich ein kurvenlinearer Zusammenhang zwischen Flow und Stress, operationalisiert durch das Cortisol-Niveau, zeigte. Demnach sind die Flow-Werte bei moderatem Stress am höchsten, bei hoher oder niedriger sympathischer Aktivierung am niedrigsten. Zu wenig Stress, wir könnten auch sagen zu viel Entspannung, ist also genauso wenig Flow-förderlich wie ein Zuviel an Stress.
- **Herzaktivität:** Sadlo (2016) und De Manzano et al. (2010) sehen in der Herzfrequenzvariabilität ein vielversprechendes Maß, um die physiologische Korrelate von Flow-Erleben mit (para-) sympathischen Aktivierungsmustern näher zu beleuchten. Für Keller (2016) ist die Herzfrequenz bzw. Herzratenvariabilität jedoch zu unspezifisch, er schlägt die kardiovaskulären Größen Herzminuten- bzw. Herzzeitvolumen und peripherer Widerstand als Maße vor, weil diese konkreter mit Zuständen von Herausforderung und Bedrohung in Verbindung gesetzt werden können.
- **Hirnaktivität:** Ulrich et al. (2014) konnten einen Zusammenhang zwischen dem Flow-Erleben und einer Reduktion des Aktivierungsniveaus im medialen

präfrontalen Cortex sowie in der Amygdala feststellen. Auch wenn die Datenlage insgesamt noch relativ dünn ist, besteht aktuell größtenteils Einigung darüber, dass das Flow-Erleben mit der Abnahme kortikaler Aktivität in bestimmten Hirnregionen zusammenhängt (Dietrich 2004; Sadlo 2016).

Ein vielversprechender, ganzheitlicherer Ansatz zur Erklärung von Flow stammt aus den kognitiven Neurowissenschaften. Die *Transiente Hypofrontalitätshypothese* wurde von Dietrich (2004) formuliert und tritt an, einige Merkmale des Flow-Erlebens zu erklären. Transiente Hypofrontalität bedeutet, dass die neuronale Aktivität in bestimmten Hirnarealen, die sich insbesondere im präfrontalen Kortex befinden, zeitweise stark abnimmt. Der präfrontale Kortex ist für höhere kognitive Prozesse verantwortlich, wie das Bewusstsein, analytisches Denken, die bewusste Handlungskontrolle sowie das Zeitempfinden. Die Reduktion der Gehirnaktivität in diesem Bereich und die damit einhergehende verminderte oder unterdrückte Ausführung der genannten psychologischen Funktionen kann das Auftreten einiger Merkmale von Flow erklären, wie das veränderte Zeitempfinden, die automatische Fokussierung auf sowie das Verschmelzen mit und Aufgehen in einer wie von allein ablaufenden Tätigkeit.

Aber wie kann es zur Abnahme der Aktivität in den entsprechenden Hirnarealen kommen? Eine Möglichkeit ist die gezielte willentliche Fokussierung auf die Tätigkeitsausführung, sodass sämtliche Reize, die nicht primär der Aufgabenbewältigung dienen, ausgeblendet werden. Solche Fokussierungsprozesse, wie wir sie in extremer Form z. B. von Selbsthypnose, Meditation oder hochkonzentrierter Aufgabenbewältigung kennen, können mit einer Abnahme kortikaler Aktivität in den relevanten, präfrontalen Hirnarealen einhergehen (Schneider 2013, Peifer und Tan, im Druck). Eine weitere Möglichkeit ist die intensive körperliche Beanspruchung. Da dem Gehirn nur begrenzt energieliefernde Ressourcen zur Verfügung stehen, befinden sich die verschiedenen Hirnareale und die zugehörenden Funktionsbereiche unter hoher Belastung in einer Art kompetitiven Wettstreit um die vorhandenen Ressourcen und somit Informationsverarbeitungskapazitäten (Miller und Cohen 2001). Insbesondere körperliche Aktivitäten stellen sehr hohe Anforderungen an die Informationsverarbeitung im sensorischen, motorischen und autonomen System (Ide und Secher 2000). Deshalb kommt es zur Hemmung bzw. Unterdrückung von Arealen, die zum gegebenen Zeitpunkt weniger aufgabenrelevant sind. Mit steigender Belastung wird primär dasjenige System energetisch versorgt, das eine unbewusste, automatisierte, und deshalb besonders effiziente, ressourcenschonende Handlungsausführung sicherstellt. Dieses System der unbewussten Handlungssteuerung wird auch implizites System genannt. Im Gegensatz dazu basiert das sogenannte explizite System auf bewusster Kontrolle der Handlungsabläufe. Letzteres ist insbesondere im präfrontalen Kortex angelegt. Nur wenn das explizite System herunterreguliert bzw. die bewusste Handlungssteuerung gehemmt wird und nicht in die intuitive Handlungsausführung eingreift, kann ein Aufgehen in einer glatt und von allein laufenden Tätigkeit realisiert werden (Dietrich und Stoll 2010). Die zeitweise Hypofrontalität könnte somit eine Voraussetzung für das Erleben von Flow darstellen. Innerhalb dieses Modells ist die Passung von Anforderungen und Fähigkeiten ebenfalls von zentraler Bedeutung. Nur wenn die Tätigkeit optimal beansprucht, ohne zu über- oder unterfordern, kommt es zu einer Verlagerung in Richtung der unbewussten Handlungssteuerung. Dadurch wird eine bewusste Kontrolle der Handlung nicht mehr nötig und ein intuitiver Ablauf möglich.

Die wenigen bisherigen empirischen Befunde zur *Transienten Hypofrontalitätshypothese* sind jedoch widersprüchlich. Kubitz und Pothakos (1997) berichten von einigen Studien, in denen körperliche Aktivität bei gleichbleibender Intensität zu einer Verringerung der präfrontalen Aktivität führte. Eine Untersuchung von Stoll und Pithan (2016) ergab, dass Flow mit einer verminderten kognitiven Leistungsfähigkeit einhergeht, was die THH indirekt bestätigen könnte. Allerdings haben Harmat et al. (2015) keinen Zusammenhang zwischen Flow und Hypofrontalität festgestellt. Wollseiffen et al. (2016) konnten in einer Studie mit Läufern mit zunehmender Aktivität zwar eine Hypofrontalität nachweisen. Diese wirkte sich jedoch weder auf die kognitive Leistungsfähigkeit aus, noch zeigte sie einen Zusammenhang mit den erfassten Flow-Werten, was der THH ebenfalls wiedersprechen würde.

Da ein wesentliches Merkmal von Flow die reduzierte (Selbst-) Reflexivität darstellt, bringt Sadlo (2016) einen Erklärungsansatz ins Spiel, der zwar an der THH angelehnt ist, aber über sie hinausgeht. Studien zum Thema Selbstbewusstsein haben gezeigt, dass es ein umfassendes neuronales Netzwerk gibt, welches erst nach Beendigung von kognitiven oder motorischen Aufgaben (verstärkt) aktiviert wird, das sogenannte Default Mode Network bzw. Ruhezustandsnetzwerk (Raichle et al. 2001). Bereiche dieses Netzwerkes sind insbesondere, aber nicht nur im medialen präfrontalen Kortex angelegt und zeigen starke Aktivität bei selbstreflexiven Tätigkeiten sowie in Zeiten der Pause von zielgerichteten Tätigkeiten. Während der intensiven Bewältigung von Aufgaben ist die Aktivität dieses Netzwerks hingegen deutlich reduziert (Goldberg et al. 2006; Greicius et al. 2003; Northoff und Bermpohl 2004). Nach Farb et al. (2007) lässt sich unser Selbstbewusstsein in zwei Formen unterscheiden. Beim narrativen Fokus denken wir über die eigene Person, unsere Eigenarten, Fähigkeiten, unser früheres oder zukünftiges Leben usw. nach. Dies führt zu einer erhöhten Aktivität im mittleren präfrontalen Kortex. Konzentrieren wir uns jedoch während der Bewältigung einer Aufgabe auf den Moment, so ist unsere Aufmerksamkeit auf die aktuellen (Körper-)Gefühle gerichtet. Dabei werden die Aktivität des mittleren präfrontalen Kortex herunterreguliert und Areale, die für die Körperwahrnehmung verantwortlich sind, verstärkt aktiviert. Da die wesentliche Aufgabe dieses Ruhezustandsnetzwerks die Selbstreflexion bzw. das Selbstbewusstsein und dessen Regulation zu sein scheint, schlägt Lou (2015) vor, statt von einem Ruhezustandsnetzwerk besser von einem Selbstbewusstseinsnetzwerk zu sprechen. Das Herunterregulieren dieses Netzwerks, welches sich nicht nur auf den präfrontalen Cortex beschränkt, könnte die reduzierte Selbstwahrnehmung als ein wichtiges Merkmal während des Flow-Erlebens erklären.

Vaitl (2012) kommt insgesamt zum Schluss, dass es bisher sowohl in theoretischer als auch empirischer Hinsicht keine zufriedenstellenden Antworten gibt. Schneider (2013, S. 61) stimmt hier ein und merkt an, dass es bezüglich der psychophysiologischen und neurokognitiven Erklärungsansätze mehr Fragen als Antworten gibt und die Betonung wohl eher „auf ‚Ansätze‘ und weniger auf ‚Erklärung‘ liegt". Bisher kann man die Entstehung von Flow also noch nicht schlüssig physiologisch oder neurowissenschaftlich erklären, aber können wir dieses Phänomen zuverlässig messen?

Nachgefragt

- Kommen Sie bei körperlicher Aktivität besser in einen Flow-Zustand als ohne körperliche Beanspruchung? Gibt es Unterschiede im Erleben, und wenn ja, welche?
- Wie stark schätzen Sie Ihre Fähigkeit ein, sich zu fokussieren und Ablenkungen auszuschalten? Welche Ideen haben Sie, um diese Fähigkeit weiter auszubauen? ◄

Flow-Tracking: Wie können wir Flow messen?

Die zuverlässige Diagnostik von Flow ist nicht nur für Forscher von großer Bedeutung, um Theorien zu entwickeln und zu überprüfen. Auch für Praktiker sind entsprechende Instrumente von großem Wert, um beispielsweise zu analysieren, unter welchen Alltagsbedingungen sie, ihr Team, ihre Kunden in den Flow gelangen oder inwieweit psychologische Interventionen Flow-förderliche Effekte haben.

Die Erfassung von Flow steht allerdings vor einer zentralen Herausforderung. Wenn wir Flow als einen Zustand des selbstvergessenen, reflexionsfreien Aufgehens in einer Tätigkeit verstehen, bei der die Aufmerksamkeit voll und ganz auf die Handlungsausführung gerichtet ist, dann folgt daraus, dass wir im Flow-Zustand kaum über eben diesen Flow-Zustand nachdenken und entsprechende Fragen zu unserem Flow-Erleben beantworten können. Dieses bewusste Reflektieren und Ablenken der Aufmerksamkeit weg von der Handlungsausführung kann das Flow-Erleben verhindern, unterbrechen oder beenden (Deutsch et al. 2009; De Manzano et al. 2010). Unterstützung findet diese Annahme durch die neurophysiologischen Arbeiten zum Selbstbewusstseinsnetzwerk (Lou 2015). Bei herausfordernder Aufgabenbewältigung wird die kortikale Aktivität des Default Mode Network reduziert und dadurch die Fähigkeit zur Selbstreflexion gehemmt. Erschwert wird die Flow-Diagnostik außerdem dadurch, dass Flow meist ein eher relativ kurzer, seltener und wenig planbarer Zustand ist (Aherne et al. 2011), sodass Jackson und Kimiecik (2008) zur folgenden Einschätzung kommen. "One of the greatest challenges in flow research is finding ways to assess the experience itself accurately and reliably" (S. 395).

Eine mögliche Lösung könnte der Einsatz psycho-/neurophysiologischer Messungen sein. Beispielhaft seien hier bildgebende Verfahren, wie die Elektro-

© Springer Fachmedien Wiesbaden GmbH, ein Teil von Springer Nature 2020
M. Ufer, *Motivationspsychologische Grundlagen des Flow-Erlebens*, essentials,
https://doi.org/10.1007/978-3-658-31681-5_5

enzephalografie (EEG) genannt. Dies hätte den Vorteil, dass auf explizite Befragungen verzichtet werden und das Auftreten und die Intensität von Flow live und direkt während der Ausübung einer Tätigkeit gemessen werden könnte. Über erste Ansätze im Rahmen experimentellen Studien berichtet Keller (2016). Bei den Tätigkeiten handelt es sich allerdings um Computerspiele, Rechen- oder Schachaufgaben im Labor, bei denen keine oder nur minimale körperliche Aktivität gefordert ist. Entsprechende Studien stecken erst in den Anfängen und es gibt bisher nur wenige empirische, teils widersprüchliche Befunde über psycho-/neurophysiologischer Muster von Flow. Hinzu kommt, dass der Ein- satz entsprechender Geräte außerhalb relativ künstlicher Laborsituationen z. B. aufgrund der Wettkampfregularien im Sport verboten oder aufgrund der Tätigkeitsanforderungen schlichtweg unpraktikabel sein kann. Darüber hinaus sind die technischen Möglichkeiten mitunter noch nicht so ausgereift, um zuverlässige, störungsfreie Live-Messungen direkt in einer Aktivität vorzu- nehmen. Die Erfassung des Flow-Erlebens wird somit bisher vor allem aus der subjektiven Erinnerung realisiert, auch wenn mentale Zustände und Prozesse nur bedingt der Selbstreflexion zugänglich sind (Nisbett und Wilson 1977) oder sich die soziale Erwünschtheit auf die Selbstauskünfte auswirken kann. Folgende Ansätze kommen dabei isoliert oder kombiniert zum Einsatz: Interviews, Erlebnisstichproben-Methode und Fragebögen.

5.1 Interviews

In seiner frühen Forschungsphase hat Csikszentmihalyi (1975) auf qualitativem Wege durch das Führen zahlreicher Interviews wertvolle Erkenntnisse zutage gefördert und somit den Grundstein für die Flow-Forschung gelegt. Im Rahmen der Auswertungen konnte er über unterschiedlichste Anforderungssituationen hinweg die zentralen Merkmale des Flow-Erlebens extrahieren, wie sie, trotz geringfügiger Änderungen, weithin Anerkennung gefunden haben (Engeser et al. im Druck). Die Interview-Studien von Jackson (1995, 1996) gehören zu den meistzitierten über Flow im Sport und haben auch für Bereiche jenseits des Sports wertvolle Erkenntnisse hervorgebracht. Noch immer sind Interviews die Methode der Wahl, um in bisher nicht untersuchten Bereichen sowie in Hinblick auf die weitere Aktualisierung des Wissens möglichst detaillierte Informationen über subjektives Flow-Erleben zu erhalten (Swann 2016).

Interviews haben jedoch auch einen Nachteil. Je größer der zeitliche Abstand zwischen dem Erlebnis und der Reflexion über das Erleben ist, desto eher können Erinnerungslücken und Verzerrungen auftreten. Manche Interviews beziehen sich auf Ereignisse, die Jahre zurückliegen. Um noch zuverlässigere Informationen darüber zu erhalten, unter welchen konkreten situativen (Auslöse-) Bedingungen Flow in welcher Ausprägung entsteht und welche Folgen dies womöglich hat, wurde nach Möglichkeiten gesucht, die Flow-Erfassung möglichst „online" während der Tätigkeit durchzuführen. Das führte zur Entwicklung der Erlebnisstichproben-Methode.

5.2 Erlebnisstichproben-Methode

Bei der Erlebnisstichproben-Methode (ESM) (Csikszentmihalyi und Larson 1987) werden Probanden mit elektronischen Signalgebern (zum Beispiel ein Pager oder Mobiltelefon) ausgestattet, die während der untersuchten Aktivität mitgeführt werden. Diese Signalgeber fordern die Teilnehmer in unregelmäßigen Abständen bzw. zu zufällig gewählten Zeitpunkten auf, Ihre Tätigkeit kurz zu unterbrechen und anhand mitgeführter Fragebögen ihren Zustand und die aktuelle Tätigkeit zu erfassen. Das Vorgehen hat gegenüber retrospektiven Interviews den Vorteil, dass die Erlebnis-Daten tätigkeitsnah direkt aus dem Handlungsverlauf heraus gewonnen und die Tätigkeiten nur kurz unterbrochen, dann aber weitergeführt werden. Dadurch ist die ESM zwar relativ aufwendig durchzuführen, aber erlaubt einen differenzierten Blick auf den Tätigkeitsverlauf, was über eine nachträgliche Datenerhebung kaum zu realisieren sein dürfte. Aufgrund dieser Vorzüge wurde die ESM weltweit in einer Vielzahl an Flow-Studien eingesetzt (Moneta 2012; Rheinberg und Engeser 2018).

Allerdings merken Rheinberg und Engeser (2018) kritisch an, dass auch bei der ESM die Daten nur so brauchbar sind wie die Antworten der Probanden. Und diese wiederum hängen von den eingesetzten Fragen bzw. Skalen ab. Erstaunlicherweise wurden in einer Reihe von ESM-Studien Skalen eingesetzt, die nur zu einem geringen Teil die ursprünglich gewonnenen Merkmale des Flow-Erlebens erfassten und stattdessen auf zahlreiche andere Dinge fokussierten, wie die Art der momentanen Tätigkeiten, die Stimmung und Befindlichkeit, Sozialkontakte und viele weitere Aspekte, die mit positivem Erleben assoziiert sind. Oft wurde außerdem lediglich eines der ursprünglichen Flow-Merkmale erhoben: die individuelle Passung von Anforderungen und Fähigkeiten. Von diesem einen Merkmal wurde dann direkt auf Flow-Erleben geschlossen, weil das „die ökonomischste und überzeugendste Form der Flow-Messung" sei (Csikszentmihalyi und Csikszentmihalyi 1991, S. 283). Hier wurde eine einzige, theoretisch angenommene Auslösebedingung für Flow fälschlicherweise mit dem Zustand Flow in all seinen Ausprägungsmöglichkeiten gleichgesetzt. Verschärft wird die Problematik dadurch, dass die Begriffe Anforderung und Herausforderung synonym gebraucht bzw. statt der objektiven Schwierigkeiten die subjektiv erlebten Herausforderungen erhoben wurden. Letzteres impliziert bereit einen Abgleich der wahrgenommenen Schwierigkeiten mit den eigenen Fähigkeiten. Diese Einschätzung wurde dann nochmals mit den eigenen Fähigkeiten in Verbindung gesetzt, was zu unklaren Befunden und „wenig erhellenden Modellerweiterungen führte" (Rheinberg et al. 2003, S. 266).

Selbst wenn die genannten methodischen Schwächen neutralisiert werden, gibt es offensichtliche Nachteile. Zwar wird bei der ESM die Datenerfassung tätigkeitsnah realisiert. Durch den Prozess der Befragung können die Tätigkeit und ein möglicherweise damit einhergehendes Flow-Erleben gestoppt werden, weil die Aufmerksamkeit weg von der Handlungsausführung hin zur Beantwortung der Fragen gerichtet werden muss. Darüber hinaus ist die Durchführung relativ aufwendig und bedarf eines hohen Commitments der Probanden. Außerdem gibt es eine Vielzahl an Settings, in denen das Tragen eines Signalgebers problematisch oder eine (zufällig induzierte) Unterbrechung der Tätigkeit nicht sinnvoll oder möglich ist. Man denke an Rettungskräfte im Einsatz, Künstler auf der Bühne, einen Arzt bei einer Operation, eine Führungskraft während eines Mitarbeitergesprächs, einen Radfahrer im Endspurt eines Rennens.

5.3 Psychometrische Skalen

Da es einerseits Unklarheiten hinsichtlich der ESM-Skalen gab und andererseits dennoch nach Möglichkeiten gesucht wurde, Flow in seiner ganzen Bandbreite ökonomisch zu erfassen und gegebenenfalls auch mit der ESM-Technik zu kombinieren, wurden entsprechende Fragebögen entwickelt, bei denen die zuvor gewonnenen Komponenten des Flow-Erlebens auch tatsächlich über die vorhandenen Items valide erfasst werden.

Im englischen Sprachraum und darüber hinaus hat die Flow State Scale (FSS) große Verbreitung gefunden. Sie orientiert sich an den Merkmalen des Flow-Erlebens nach Csikszentmihalyi und besteht aus 36 Items. Neben dem situativen Flow-Erleben wird über die „Dispositional Flow Scale" (DFS) das Konstrukt „autotelische Persönlichkeit" erfasst, also die generelle Tendenz, Flow zu erleben. Mittlerweile stehen auch validierte Kurzversionen der Skalen zur Verfügung (Jackson et al. 2008).

Im deutschen Sprachraum hat sich die Flow-Kurzskala (FKS) etabliert (Rheinberg et al. 2003). Die Skala besteht aus 10 Items, deren Bearbeitung weniger als eine Minute dauert und die zentralen Komponenten des Flow-Erlebens erfasst

(Abb. 5.1). Die Beantwortung der Fragen kann spontan und ohne große Unterbrechung im Rahmen der jeweiligen Tätigkeit realisierbar werden. Somit ist der Einsatz im Alltagsgeschehen relativ problemlos möglich ist. Der Fragebogen wurde mittlerweile in eine Reihe anderer Sprachen übersetzt und in unterschiedlichen Forschungs- bzw. Tätigkeitssettings erprobt, sodass die Befunde auch den Vergleich über verschiedene Kontexte hinweg erlauben. Neben den 10 FKS-Items werden bei entsprechendem Forschungsinteresse auch zusätzliche Fragen zur Passung von Anforderungen und Fähigkeiten oder der Bedeutung der Aufgabe erhoben.

Es liegen zwar noch weitere Fragebögen vor. Diese fanden allerdings meist keine größere Verbreitung außerhalb der jeweiligen Arbeitsgruppe (Moneta 2012). Die Erfassung von Flow mittels valider psychometrischer Skalen findet heutzutage breite Anwendung, haben aber auch ihre Schwächen. Sie werden meist zur retrospektiven Befragung nach der Tätigkeit mit den entsprechenden Gefahren der Wahrnehmungsverzerrung eingesetzt. Kimiecik und Stein (1992) fragen kritisch, ob der Einsatz quantitativer Skalen zur Erfassung subjektiver Zustände tatsächlich gegenstandsangemessen ist und ein so vielschichtiges Phänomen wie Flow nicht zu sehr auf eine Zahl reduziert. Darüber hinaus werden

	Trifft nicht zu		teils, teils		Trifft zu	
Ich fühle mich optimal beansprucht.	□	□	□	□	□	□	□
Meine Gedanken bzw. Aktivitäten laufen flüssig und glatt.	□	□	□	□	□	□	□
Ich merke gar nicht, wie die Zeit vergeht.	□	□	□	□	□	□	□
Ich habe keine Mühe, mich zu konzentrieren.	□	□	□	□	□	□	□
Mein Kopf ist völlig klar.	□	□	□	□	□	□	□
Ich bin ganz vertieft in das, was ich gerade mache.	□	□	□	□	□	□	□
Die richtigen Gedanken/Bewegungen kommen wie von selbst.	□	□	□	□	□	□	□
Ich weiß bei jedem Schritt, was ich zu tun habe.	□	□	□	□	□	□	□
Ich habe das Gefühl, den Ablauf unter Kontrolle zu haben.	□	□	□	□	□	□	□
Ich bin völlig selbstvergessen	□	□	□	□	□	□	□

Abb. 5.1: Flow-Kurzskala

in der Regel Skalenmittelwerte gebildet, die dann Auskunft über die Intensität des jeweiligen Flow-Erlebens geben. Wie hoch ein Wert allerdings sein sollte, um einen Flow-Zustand von einem Nicht-Flow-Zustand oder einen Micro-Flow von einem Deep-Flow abzugrenzen, ist bisher ungeklärt (Deutsch et al. 2009; Swann 2016). Flow-Skalen können also lediglich die Intensität eines möglicherweise erlebten Flow-Zustandes abbilden, nicht jedoch die Frage beantworten, ob überhaupt Flow erlebt wurde. Ein weiteres Problem besteht darin, dass im Verlauf einer Tätigkeit, auf die sich eine Befragung bezieht, das Erleben durchaus variieren kann. Es ist davon auszugehen, dass auch Flow nicht immer auf einem gleichbleibenden Niveau erlebt wird. Wie aber wird dann das Flow-Erleben in einen einzigen Wert übertragen? Bezieht sich eine Einschätzung auf den Moment mit keinem oder wenig Flow? Oder auf die Phase mit intensivem Flow? Oder wird eine Art Durchschnitt gebildet? Und so fassen Stavrou et al. (2007, S. 454) die Grenzen der Erhebung eines qualitativen Erlebens mittels quantitativer Methoden im Sport wie folgt zusammen: "Trying to quantify athletes' flow experience has certain limitations, because it cannot portray the subjective nature of the phenomenon". Diese Einschätzung gilt sicherlich auch außerhalb des Sports.

Welche der genannten Methode allein oder in Kombination letztendlich zum Einsatz kommt, so gilt trotz aller Limitierungen immer die Prämisse, dass die Erfassung von Flow stets zeitlich so nah wie möglich an bzw. so schnell wie möglich nach der absolvierten Tätigkeit erfolgen sollte, um mögliche Erinnerungsverzerrungen zu reduzieren. Und die Messung sollte den Ablauf einer Handlung natürlich möglichst nicht stören.

Nachgefragt

- Angenommen, Sie erhalten den Auftrag zu analysieren, wie stark das Flow-Erleben allgemein in Ihrem Team ausgeprägt ist und unter welchen konkreten Bedingungen Sie und Ihre Kollegen besonders häufig/intensiv im Flow sind. Wie würden Sie vorgehen?

- Angenommen, das Ergebnis fällt nicht sonderlich gut aus und soll durch eine Reihe Flow-förderlicher Maßnahmen verbessert werden. Wie würden Sie evaluieren, ob diese erfolgreich waren? ◄

Zwei Seiten einer Medaille: Welche Auswirkungen hat Flow?

6

Die enorme Popularität des Flow-Konzepts liegt sicherlich auch darin begründet, dass mit diesem Erlebniszustand so viele positive Dinge in Verbindung gebracht werden. Werfen wir deshalb nun einen Blick darauf, welche positiven emotionalen Auswirkungen Flow-Erleben haben kann. Auch die Einflüsse auf die Leistung werden besprochen und Hinweise zu möglichen negativen Effekten gegeben.

6.1 Gute Gründe für mehr Flow: die positiven Effekte

Einfluss auf Wohlbefinden und Zufriedenheit

Das Gefühl, einen Ablauf völlig unter Kontrolle zu haben, die eigenen Fähigkeiten perfekt auszuschöpfen und mit einer gewissen Leichtigkeit und wie auf Autopilot eine Herausforderung zu meistern, kann zu einer tiefen Befriedigung und Zufriedenheit bis hin zu regelrechten Glücksgefühlen führen. Zahlreiche Untersuchungen bestätigen den Zusammenhang zwischen Flow und positiven Emotionen (Csikszentmihalyi und Csikszentmihalyi 1991; Massimini und Carli 1991; Fritz und Avsec 2007; Rheinberg et al. 2007; Schallberger und Pfister 2001; Schüler 2007).

Allerdings ist Flow nicht unbedingt eine Art "Happy Feeling" mit einem Lächeln im Gesicht *während* der Aktivität. "When we are in flow, we are not happy … if a rock climber takes time out to feel happy while negotiating a difficult move, he might fall to the bottom of the mountain" (Csikszentmihalyi 1997, S. 32). Aellig (2004) hat genau das in einer Untersuchung mit Kletterern bestätigt. Diese erlebten erst *nach* dem Klettern positive Gefühle von Zufriedenheit und Wohlbefinden. Währenddessen waren sie hochkonzentriert und aktiviert.

© Springer Fachmedien Wiesbaden GmbH, ein Teil von Springer Nature 2020   35
M. Ufer, *Motivationspsychologische Grundlagen des Flow-Erlebens,* essentials,
https://doi.org/10.1007/978-3-658-31681-5_6

Da Flow in der Regel als angenehm erlebt wird, ganz gleich ob während oder nach der Aktivität, ist die Wahrscheinlichkeit hoch, dass eben dieser Zustand zukünftig erneut angestrebt wird. Flow wird somit zu einem wichtigen Tätigkeitsanreiz, zu einer Motivationsquelle, um sich immer wieder in entsprechende Tätigkeiten zu begeben und diese zu meistern. Je öfter und intensiver eine Person Flow erlebt, desto größer sind die positiven Auswirkungen auf das allgemeine Wohlbefinden und die Lebenszufriedenheit insgesamt (Sheldon et al. 2004). Dadurch stellt Flow auch langfristig eine wichtige Grundlage für persönliche Entwicklung und Wachstum darstellen. Moneta (2004) bringt dies wie folgt zum Ausdruck:

> Flow theory states that flow has an (…) indirect effect on subjective well-being by fostering the motivation to face and master increasingly difficult tasks, thus promoting lifelong organismic growth. In particular, flow theory states that the frequency and intensity of flow in everyday life pinpoint the extent to which a person achieves sustained happiness through deliberate striving, and ultimately fulfills his or her growth potential (ebd., S. 116).

Der Aspekt des persönlichen Wachstums bringt uns zum nächsten Abschnitt und der Frage, welche Zusammenhänge es möglicherweise auch zwischen Flow und Leistung gibt.

Einfluss auf die Leistung

In Anbetracht der zentralen Merkmale von Flow wurde von Beginn an ein positiver Zusammenhang zwischen Flow und Leistung angenommen und es gibt gute Gründe für diese Annahme. Bereits Woodworth (1918) hatte, lange bevor das Flow-Konzept Einzug in die Wissenschaft nahm, postuliert, dass sich die Absorption positiv auf die Fähigkeitsentwicklung und erfolgreiche Bewältigung von Herausforderungen auswirken dürfte. Flow gilt aufgrund des starken Aufgabenfokus, des großen Maßes an erlebter Kontrolle und des intuitiven Handlungsablaufs als ein hochgradig funktionaler Zustand. Somit scheint es naheliegend, dass Flow leistungsfördernd ist (Wagner und Keller, in Druck). Diese Sichtweise wird durch Eklund (1996) sowie Williams und Krane (1997) bekräftigt, die die genannten Faktoren als wesentliche Einflussfaktoren für Leistung ansehen. Auch Privette (1981) kommt im Rahmen ihrer Arbeiten zu Spitzenleistungen im Sport zu dem Ergebnis, dass sich Flow positiv auf die Leistung auswirken müsste: "Csikszentmihalyi's term 'flow' […] is an elegant fit for the whole, graceful, and directed behavior athletes described as characteristic of peak performance in sports" (S. 55). Neben diesem direkten Einfluss von Flow auf die Leistungserbringung wird ein indirekter Einfluss angenommen (Abb. 6.1).

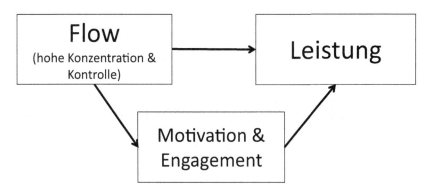

Abb. 6.1 Direkter und indirekter Einfluss von Flow auf die Leistung. (Nach Wagner und Keller, im Druck)

Flow wird in der Regel als angenehm erlebt, sodass dieser Zustand als starker Tätigkeitsanreiz wirken kann. Aufgrund der Attraktivität des Flow-Erlebens steigt die Motivation, sich der jeweiligen Tätigkeit erneut zuzuwenden. Dies kann zu einem Prozess der persönlichen Entwicklung und des Wachstums führen. Wenn eine Person eine Herausforderung erfolgreich bewältigt, wird sie daraus lernen und ihr Fähigkeitsniveau erhöhen. Wenn sie dies wieder und wieder tut, verbessern sich die Fähigkeiten sukzessive. Um auch zukünftig Flow zu erleben, muss sich eine Person Aufgaben mit zunehmend höheren Anforderungen suchen, damit auch weiterhin eine optimale Balance zwischen den Anforderungen und Fähigkeiten besteht, denn dies ist ja eine zentrale Voraussetzung für das Entstehen von Flow. Man kann von einem sich gegenseitig verstärkenden Prozess sprechen: Bessere Fähigkeiten führen zum Aufsuchen von Situationen mit höheren Anforderungen und höhere Anforderungen helfen, die eigenen Fähigkeiten weiterzuentwickeln (Csikszentmihalyi 1975; Wagner und Keller, im Druck). Rheinberg und Engeser (2018) ergänzen, dass Flow zwar leistungsförderlich sein kann, aber auch die umgekehrte Einflussrichtung gelten kann, da eine zunehmend verbesserte (Leistungs-) Fähigkeit häufigeres Flow ermöglichen sollte. Demnach wäre Flow nicht nur Ursache für eine bessere Leistung, sondern gleichzeitig die Folge einer besseren Leistungsfähigkeit.

Peifer und Engeser (im Druck), Peifer und Wolters (im Druck), Stoll und Ufer (im Druck), Ufer(2017a), Wagner und Keller (im Druck) sowie Zimanyi und Schüler (im Druck) weisen auf zahlreiche Studien hin, die die direkten und

indirekten, auch über Motivation und Engagement hinausgehenden leistungs-
förderlichen, positiven Auswirkungen von Flow zu bestätigen scheinen, z. B. Auf

- Abschlussnoten im Rahmen von Sprach-, Psychologie-, Statistik- und
  eLearning-Kursen,
- berufliche Leistung, Servicequalität, Kundenorientierung,
- Kreativität bei der Softwareentwicklung und Komposition von Musikstücken,
- Teamperformance bei Projektmanagement-Simulationen,
- Spielleistung von Fußballern, Laufleistung und Leistungszufriedenheit von
  Ultramarathonläufern,
- Arbeitsklima/-zufriedenheit, Commitment, gegenseitige Unterstützung bei der
  Arbeit,
- Klärung von Zielen, Rahmenbedingungen und Prozessen bei der Bewältigung
  von Aufgaben,
- Identifikation mit der Organisation, Dauer der Zugehörigkeit, Anzahl der
  Abwesenheitstage,
- arbeitsbezogene Selbstwirksamkeit.

Interessant dabei ist, dass sich Flow-Erleben bereichsübergreifend auswirken
kann. Mehr Flow bei der Arbeit kann zu weniger Erschöpfung am Abend, mehr
Energie in der Freizeit führen und Flow in der Freizeit zu mehr Wohlbefinden
und weniger Stress bei der Arbeit, was sich wiederum leistungsförderlich auswirken dürfte. Außerdem kann Flow sozial ansteckend sein. Flow von Lehrern
in der Schule wirkt sich positiv auf das Flow-Erleben ihrer Schüler aus. Der
Effekt wurde auch bei Musiklehrern und deren Schülern festgestellt und dürfte in
anderen Settings ebenfalls entsprechend wirken.

Ein kritischer Blick zeigt allerdings, dass einige Arbeiten die Zusammenhänge zwischen Flow und Leistung nicht oder nur teilweise bestätigen konnten.
Ein Grund für die uneinheitliche Befundlage nach Stoll und Lau (2005):
Manche Studien sind wegen kleiner Stichproben, problematischer Erfolgs-
operationalisierung und Mängeln in der Diagnostik von Flow forschungs-
methodisch als problematisch einzustufen. Hinzu kommt, dass bisherige Studien
meist korrelativer Natur sind: Sie zeigen Zusammenhänge auf, können aber
keine Aussage über Ursache-Wirkungsverhältnisse machen. Gleichwohl besteht
größtenteils Einigkeit darüber, dass sich Flow positiv auf die Leistung und das
Wohlbefinden auswirkt (Peifer und Engeser, im Druck).

COVID-19: Flow als Bewältigungsstrategie in schwierigen Zeiten
Während dieses Buch entstand, sorgte die COVID-19-Pandemie für gravierende Einschnitte ins tägliche Leben. Durch Lockdowns, Quarantäne, Social Distancing sind viele Menschen in ihren alltäglichen Handlungs- und Leistungsmöglichen eingeschränkt. Je länger Zeiten von Quarantäne und Social Distancing andauern, desto schlechter ist in der Regel das psychische Wohlbefinden. Es verstärken sich Ängste, Sorgen, depressive Verstimmungen, Gefühle von Einsamkeit und ungesundes Verhalten. Flow erwies sich in einer aktuellen Studie aus Wuhan (Sweeny et al. 2020) als wirksame Bewältigungsstrategie bei Quarantäne und Social Distancing und zeigte, dass das Wohlbefinden von Menschen in Quarantäne umso besser ist, je mehr Flow sie erleben. Je mehr die gewählten Tätigkeiten Flow-induzierend sind, desto geringer sind negative Gefühle, depressive Stimmungen und ungesundes Verhalten ausgeprägt. Personen in einer länger andauernden Quarantäne, die überdurchschnittlich hohes Flow-Erleben berichteten, fühlten sich insgesamt nicht schlechter als Personen, die noch gar nicht in Quarantäne waren. Gute Gründe also für die Auswahl von Tätigkeiten, in denen wir besonders gut in den Flow gelangen. Oder für das Lernen von Strategien, die uns helfen, besser in den Flow zu kommen, nicht nur in einer Quarantäne-Situation.

6.2   Jenseits der rosaroten Brille: mögliche Gefahren von Flow

Spitzenleistung, Zufriedenheit, Glück, Wohlbefinden, Gesundheit, Wachstum und optimale Erfahrung, so lauten in der Regel die positiven Aspekte, mit denen Flow in Verbindung gebracht werden. Die Forschung fokussiert sich, ebenso wie Ratgeber-Bücher oder Coaching-Angebote, bisher in der Regel auf die positiven Aspekte und Auswirkungen von Flow. Dabei hat Csikszentmihalyi (1975) von Beginn an darauf hingewiesen, dass Flow, wie alles andere auch im Leben, nicht per se nur gut ist, sondern auch seine Schattenseiten haben kann. Csikszentmihalyi und Rathunde (1993, S. 91) werden diesbezüglich noch konkreter: „Like other forms of energy, from fire to nuclear fission, it [flow] can be used for both positive and destructive ends." Einige Arbeiten dokumentieren, dass Flow sehr wohl auch negative Folgen nach sich ziehen kann. Hierzu zählen das Suchtpotenzial, eine getrübte Risikowahrnehmung und die Gefahr der Selbstüberschätzung sowie Flow als Tätigkeitsanreiz bei unsozialen Aktivitäten, wie Straftaten bis hin zu Mord oder das Töten im Krieg.

Dem Schweizer Arzt und Naturforscher Paracelsus, der von 1493 bis 1541 lebte, wird das folgende Zitat zugeschrieben: „Allein die Dosis macht, dass ein Ding' kein Gift ist". Wenn Flow als besonders positiv angesehen und eine Zutat auf dem Weg zu Wachstum und allgemeiner Lebenszufriedenheit ist, kann es da überhaupt ein „zu viel" geben? Ja, das kann es laut Schüler (2012), die den zentralen Flow-Merkmalen auch ihre möglichen Schattenseiten gegenüberstellt (s. Tab. 6.1).

Schüler (2012) weist darauf hin, dass einige der genannten Kriterien zwar explizit entwickelt wurden, um suchtkrankes Verhalten zu diagnostizieren, aber durchaus auch auf Flow zutreffen können. Auch für Vaitl (2012) birgt Flow Suchtpotenzial, weil es eine hohe Verstärkerqualität besitzt. Da Flow als besonders angenehm erlebt wird, wird eben dieser Zustand immer wieder angestrebt. Der Wunsch nach immer weiteren Flow-Erlebnissen und der damit verbundenen, permanenten Ausschöpfung der eigenen Möglichkeiten könnte aufgrund unzureichender Regeneration zu Erschöpfungszuständen und erhöhtem Verletzungsrisiko führen (Ufer 2017a). Eine weitere Parallele zum suchtkranken Verhalten: Eine immer höhere „Dosis" von Flow-produzierendem Verhalten ist nötig, da man sich aufgrund von Entwicklungsprozessen an vorherige Dosen anpasst. Partington und Partington (2009) konnten dies empirisch untermauern und im Rahmen ihrer Flow-Studie mit einigen der besten Big-Wave-Surfern der Welt typische Merkmale von (Sport-) Suchtverhalten feststellen. Folgende Zitate bestätigen diese Gefahr: "Once you get familiar with that feeling, it's an addiction" (S. 176), "Nothing is ever enough" (S. 176). Auch im Kontext von Computeraktivitäten konnten Zusammenhänge zwischen Flow und Suchtverhalten bestätigt werden. Thatcher et al. (2008) fanden heraus, dass

Tab. 6.1 Die Schattenseiten des Flows

Flow-Merkmale	Schattenseiten der Flow-Merkmale
Verlust an Selbst-Reflexivität	Vernachlässigung weiterer Ziele und Werte (auch von anderen)
Intensive Fokussierung auf die Tätigkeitsausführung und Ausblendung anderer Reize	Eingeengte Aufmerksamkeit, die wichtige zusätzliche Informationen nicht beachtet
Gefühl der Kontrolle, Abwesenheit von Furcht	Überschätzung eigener Fähigkeiten, unrealistischer Optimismus
Veränderte Zeitwahrnehmung	Ausblendung relevanter Zeitinformationen, selbst wenn diese wichtig sind

problematisches Internetverhalten umso ausgeprägter war, je stärker Flow beim Internetsurfen erlebt wurde.

Neben dem Suchtpotenzial und der Gefahr der mangelnden Regeneration kann durch ein intensives Flow-Erleben, das mit einem erhöhtem Gefühl der Kontrolle bei gleichzeitigem Ausblenden von Kontextinformationen und verringerter (Selbst-) Reflexivität einhergeht, die Risikowahrnehmung getrübt und die Gefahr der Selbstüberschätzung erhöht sein. Untersuchungen mit japanischen Motorrad-Gangs bestätigen dies (Sato 1991). Studien mit Motorradfahrern von Rheinberg (1991) gehen in die gleiche Richtung. Je intensiver das Flow-Erleben, desto geringer war das Angst-Niveau ausgeprägt und desto eher widersprachen die Fahrer in ihrem tatsächlichen Handeln den selbst formulierten Sicherheitsstandards. Flow führte zu erhöhtem Risikoverhalten, wie zum Beispiel das Fahren mit sehr hoher Geschwindigkeit. Im Rahmen einer Studie mit Kajak-Fahrern wurde der Zusammenhang von Flow und Risikowahrnehmung bestätigt (Schüler und Pfenninger 2011). Es zeigte sich, dass die tatsächlichen Risiken (operationalisiert durch Expertenmeinungen) von den aktiven Athleten umso geringer eingeschätzt wurden, je intensiver das Flow-Erleben war. Auch bei Kletterern kann Flow aufgrund der erhöhten Selbstwirksamkeit zu einer gestörten Risikowahrnehmung und einem erhöhtem Risikoverhalten führen (Schüler 2012).

Flow kann prinzipiell in allen Tätigkeiten realisiert werden, auch in vermeintlich destruktiven. Wenn eine Person keine Möglichkeit findet, Flow im normalen Alltag zu erleben, könnte sie geneigt sein, Flow-Erlebnisse durch unsoziale Aktivitäten, wie zum Beispiel aggressives Verhalten, Gewalt, Verbrechen, zu realisieren (Csikszentmihalyi 1975). Harari (2008) beschreibt diese Zusammenhänge von Flow und das Töten anderer Menschen im Krieg. Deshalb sei daran erinnert, dass sich die Beschreibung von Flow als „optimale Erfahrung" primär nicht auf mögliche (positive), gewünschte Konsequenzen bezieht, sondern lediglich auf einen Zustand des optimalen psychophysiologischen Funktionierens (Schüler 2020).

Wenn wir berücksichtigen, dass Flow auch negative Seiten haben kann, scheint es dann überhaupt sinnvoll, immer nur im Flow zu sein? So wie sich Wachsein und Schlafen abwechseln und ergänzen, kann auch die gezielte Kombination von Flow mit anderen Zuständen zielführend sein (Engeser et al. 2020). Bereits Nideffer (1976) hat darauf hingewiesen, dass Spitzenleistung vor allem dann möglich wird, wenn wir gezielt und situationsangepasst zwischen verschiedenen Aufmerksamkeitsrichtungen wechseln können (eng vs. weit und innen vs. außen). Wie dysfunktional Flow auch sein kann, zeigt auch folgendes persönliches Beispiel: Während ich dieses Buch schrieb, habe ich mir eine Auszeit gegönnt und bin ein paar Kilometer mit Skirollern unterwegs gewesen. Irgendwann war ich so im Flow, dass ich in eine Straße eingebogen bin und ein großes Verbotsschild einfach übersehen habe. Ich wurde später freundlich gebeten, doch wieder aus dem Wasserschutzgebiet herauszufahren. Als ich dann aufmerksam und bewusst den Rückweg angetreten bin, habe ich das große (offene) Tor und Hinweisschild sofort gesehen.

Nachgefragt

- Welche Beispiele fallen Ihnen ein, wo zu viel oder permanenter Flow vielleicht kontraproduktiv oder gar gefährlich werden könnte?
- Wie würden Sie mit diesen Situationen umgehen wollen? Währenddessen oder womöglich im Vorfeld? ◄

Ausblick: Es bleibt (oder wird) spannend

7

Die Flow-Forschung steht womöglich vor großen Herausforderungen. An verschiedenen Stellen hat sich bereits angedeutet, dass Unklarheiten und offene Fragen bestehen. Es gibt widersprüchliche Befunde, die nicht so recht zu den theoretischen Annahmen passen. Hinzu kommen neue Erkenntnisse, die dazu einladen, vorhandene Konzepte zu überdenken und zu erweitern. Einige Beispiele:

- Flow ist kein ausschließlich individuelles Phänomen, wie wir bereits anhand der Möglichkeit der sozialen Ansteckung erfahren haben, sondern kann auch mit anderen oder durch sie erlebt werden. Forschung zu sozialem Flow steckt noch in den Anfängen und geht bisher nach Einschätzung von Winter (im Druck) kaum über erste Denkansätze und Spekulationen hinaus. Sie wird zukünftig sicherlich einiges an Aufmerksamkeit auf sich ziehen und die Diskussion bereichern.
- Swann et al. (2017) konnten wiederholt zeigen, dass in Momenten von sportlicher Spitzenleistung neben Flow ein sehr ähnlicher, aber dennoch unterscheidbarer „Clutch"-Zustand auftreten kann. Dieser ist zwar, wie Flow, durch ein hohes Maß an Absorbiertheit, wahrgenommener Kontrolle, Freude im Tun und veränderter Wahrnehmungen gekennzeichnet, unterscheidet sich jedoch durch bewussten Fokus und intensiv wahrgenommene Anstrengung. Das ist eine Erkenntnis mit möglicherweise weitreichenden Folgen, denn bisher wird in der Flow-Diagnostik nicht zwischen Flow und Clutch differenziert. Welche Aussagekraft haben aber Befunde zu den Entstehungsbedingungen und Auswirkungen von Flow, wenn nicht eindeutig zwischen Flow und Clutch unterschieden und in Untersuchungen womöglich eher Clutch statt Flow erfasst wurde?

© Springer Fachmedien Wiesbaden GmbH, ein Teil von Springer Nature 2020   43
M. Ufer, *Motivationspsychologische Grundlagen des Flow-Erlebens,* essentials,
https://doi.org/10.1007/978-3-658-31681-5_7

- Kein Flow-Forscher kann bisher eine sichere Vorhersage treffen, wann, d. h. unter welchen konkreten Bedingungen, jemand wie oft, lange und tief in den Flow gelangt. Flow gilt bisher als wenig planbarer und unvorhersehbarer Zustand.

Wenn die genauen Wirkmechanismen bisher allerdings unklar sind, kann man dann eigentlich von einer schlüssigen Flow-Theorie sprechen? Swann et al. (2018) sind der Meinung, dass genau das weniger der Fall ist, sondern wir es eher mit einer Sammlung von Beschreibungen rund um das Phänomen Flow zu tun haben, nicht aber mit konkreten Erklärungen. Sie fordern Mut zur grundlegenden Überarbeitung vorhandener Konzepte und eine Emanzipation von bestehenden Annahmen, die zumeist auf den Ursprüngen der Flow-Forschung von vor über 40 Jahren basieren. Das mag manche Forscher irritieren. Aber die Arbeiten im Sport waren bereits zu Beginn der Flow-Forschung prägend und hatten großen Einfluss auf andere Bereiche. Vielleicht wird das in den nächsten Jahren erneut der Fall sein. Lassen wir uns überraschen und freuen wir uns darauf, was die zukünftige Flow-Forschung an neuen Erkenntnissen zutage fördert. Oder gestalten wir diesen Prozess auf die eine oder andere Weise einfach mit.

Was bedeutet das Gesagte eigentlich für mich als Coaching-Praktiker? Wenn man antritt, andere Menschen auf der Grundlage wissenschaftlicher Erkenntnisse zu coachen und zu begleiten, ist der Status Quo dann nicht frustrierend? Nein, ist er nicht. Glücklicherweise ist die Praxis manchmal schon weiter als die Wissenschaft. Oder, um es frei nach Fritz B. Simon (2013) zu sagen: Praktisch funktioniert es schon. Jetzt muss es nur noch theoretisch funktionieren.

Schluss

Das Ziel dieses *essential* war es, Ihnen einen grundlegenden Einstieg und Überblick zum Phänomen Flow vorzustellen. Die Flow-Forschung hat in rund 40 Jahren viele wertvolle Erkenntnisse zutage gefördert, ist aber gleichzeitig noch ein relativ junges Forschungsgebiet mit vielen Unklarheiten und offenen Fragen. Vielleicht geht es Ihnen so wie mir. Die intensive Beschäftigung mit dem Thema hat mich persönlich sehr inspiriert und mir wichtige Denkanstöße geliefert. Gleichzeitig musste und muss ich feststellen: Je tiefer ich in das Thema Flow eintauche, desto mehr Fragen stellen sich mir, desto mehr will ich wissen. Wenn es Ihnen ähnlich ergeht und Sie neugierig auf mehr geworden sind, empfehle ich einen Blick in folgende Grundlagenwerke, die den aktuellen Status Quo zu Flow und Motivation umfassend und differenziert diskutieren:

- *Advances in Flow-Research* (Peifer und Engeser, im Druck)
- *Flow experience: Empirical research and applications* (Harmat et al. 2016)
- *Motivation und Handeln* (Heckhausen und Heckhausen 2018)

Wenn Sie es zwischendurch etwas abenteuerlicher mögen und eine Vielzahl an praxiserprobten Tools zum Selbst-Coaching und mentalen Training kennen lernen möchten, die sich im Sport und weit darüber hinaus zur Förderung von Flow, Leistung, Zufriedenheit und Gesundheit bewährt haben, dann werden Sie hier fündig:

- *Flowjäger: Motivation, Erfolg und Zufriedenheit beim Laufen* (Ufer 2017b)
- *Mentaltraining für Läufer. Weil Laufen auch Kopfsache ist* (Ufer 2017c)
- *Limit Skills: Die eigenen Grenzen respektieren, testen, überwinden* (Ufer 2018)

© Springer Fachmedien Wiesbaden GmbH, ein Teil von Springer Nature 2020   45
M. Ufer, *Motivationspsychologische Grundlagen des Flow-Erlebens,* essentials,
https://doi.org/10.1007/978-3-658-31681-5_8

Abschließend möchte ich mir noch eine letzte Frage erlauben, wobei eigentlich hatten wir sie schon gestellt und somit schließt sich nur der Rahmen. Sie erinnern sich an die Einleitung? Warum tun diese Extremläufer, was sie tun und was hilft ihnen womöglich bei der Bewältigung ihrer Herausforderungen? Natürlich gibt es weiterhin verschiedene Richtungen, aus denen man sich der Beantwortung nähern kann und auch sollte. Aber wie würden Ihre Antworten vor dem Hintergrund der bisherigen Ausführungen aussehen bzw. welchen Beitrag kann die Flow-Forschung dabei leisten? Gern dürfen Sie die Personengruppe auch gegen eine andere tauschen, nur, würden sich die Antworten dann substanziell ändern? Ich wünsche Ihnen für Ihre Zukunft viel wohldosierten Flow.

Was Sie aus diesem *essential* mitnehmen können

- Flow ist ein Zustand des reflexionsfreien gänzlichen Aufgehens in einer glatt laufenden Tätigkeit.
- Die optimale Passung von Anforderungen und Fähigkeiten gilt als zentrale Voraussetzung, ist aber keine Garantie für die Entstehung von Flow. Situative und persönliche Faktoren spielen ebenfalls eine Rolle.
- Flow wird mittels Interviews, der Experience-Sample-Methode und psychometrischer Skalen erfasst. Jedes Vorgehen hat Stärken und Schwächen. Die Flow-Erfassung sollte möglichst nah an einer Tätigkeit erfolgen und diese so wenig wie möglich unterbrechen. Zukünftig könnten psychophysiologische Methoden eine größere Rolle spielen und Live-Messungen ohne retrospektive Befragungen oder Unterbrechung einer Tätigkeit ermöglichen.
- Flow kann kurz- und langfristig positive Auswirkungen auf Wohlbefinden, Zufriedenheit, Motivation und Leistung haben, birgt aber auch Gefahren, wie Sucht, Erschöpfung und erhöhtes Risikoverhalten.
- Die Flow-Forschung ist eine junge, dynamische Disziplin. Es bleibt spannend.

© Springer Fachmedien Wiesbaden GmbH, ein Teil von Springer Nature 2020
M. Ufer, *Motivationspsychologische Grundlagen des Flow-Erlebens*, essentials,
https://doi.org/10.1007/978-3-658-31681-5

Literatur

Aellig, S. (2004). *Über den Sinn des Unsinns: Flow-Erleben und Wohlbefinden als Anreize für autotelische Tatigkeiten.* Münster: Waxmann.

Aherne, C., Moran, A. P., & Lonsdale, C. (2011). The effect of mindfulness training on athletes' flow: An initial investigation. *The Sport Psychologist, 25*(2), 177–189.

Allison, M. T., & Duncan, M. C. (1991). Frauen, Arbeit und Flow. In M. Csikszentmihalyi & I. S. Csikszentmihalyi (Hrsg.), *Die außergewöhnliche Erfahrung im Alltag. Die Psychologie des Flow-Erlebnisses* (S. 139–160). Stuttgart: Klett-Cotta.

Atkinson, J. W. (1957). Motivational determinants of risk-taking behavior. *Psychological Review, 64,* 359–372.

Baumann, N. (2012). Autotelic personality. In S. Engeser (Hrsg.), *Advances in flow research* (S. 165–186). New York: Springer.

Csikszentmihalyi, M. (1975). *Beyond Boredom and Anxiety.* San Francisco: Jossey-Bass.

Csikszentmihalyi, M. (1992). *Flow: Das Geheimnis des Glücks.* Stuttgart: Klett-Cotta.

Csikszentmihalyi, M. (1997). *Finding flow. The psychology of engagement with everyday life.* New York: Basic Books.

Csikszentmihalyi, M., & Csikszentmihalyi I.S. (1991). Einführung in Teil IV. In M. Csikszentmihalyi & I.S. Cssikszentmihalyi, I.S. (Hrsg.), *Die außergewöhnliche Erfahrung im Alltag: Die Psychologie des Flow Erlebnisses* (S. 275–290). Stuttgart: Klett-Cotta

Csikszentmihalyi, M., & Jackson, S. A. (2000). *Flow im Sport. Der Schlüssel zur optimalen Erfahrung und Leistung.* München: BLV

Csikszentmihalyi, M., & Larson, R. (1987). Validity and reliability of the experience sampling method. *The Journal of Nervous and Mental Diseases, 175,* 526–536.

Csikszentmihalyi, M., & Rathunde, K. (1993). The measurement of flow in everyday life: Toward a theory of emergent motivation. In J. Jacobs (Hrsg.), *Nebraska Symposium on Motivation, 1992: Developmental perspectives on motivation, 1992* (Bd. 40, S. 57–97). Lincoln, NE: University of Nebraska Press.

Debus, M. E., Sonnentag, S., Deutsch, W., & Nussbeck, F. W. (2014). Making flow happen: The effects of being recovered on work-related flow between and within days. *Journal of Applied Psychology, 99*(4), 713.

de Manzano, Ö, Theorell, T., Harmat, L., & Ullén, F. (2010). The psychophysiology of flow during piano playing. *Emotion, 10*(3), 301–311.

© Springer Fachmedien Wiesbaden GmbH, ein Teil von Springer Nature 2020
M. Ufer, *Motivationspsychologische Grundlagen des Flow-Erlebens, essentials,*
https://doi.org/10.1007/978-3-658-31681-5

Dietrich, A. (2004). Neurocognitive mechanisms underlying the experience of flow. *Consciousness and Cognition, 13*(4), 746–761.

Dietrich, A., & Stoll, O. (2010). Effortless attention, hypofrontality, and perfectionism. In B. Bruya (Hrsg.), *Effortless attention* (S. 159–178). Cambridge: MIT Press.

Deutsch, W., Debus, M., Henk, F., Schulz, N., & Thoma, E. (2009). Flow erleben und Flow erforschen. In R. Schumacher (Hrsg.), *Pauken mit Trompeten* (S. 71–87). Bonn: BMBF.

Eklund, R. C. (1996). Preparing to compete: A season-long investigation with collegiate wrestlers. *The Sport Psychologist, 10*, 111–131.

Ellis, G. D., Voelkl, J. E., & Morris, C. (1994). Measurement and analysis issues with explanation of variance in daily experience using the flow model. *Journal of Leisure Research, 26*, 337–356.

Engeser, S., Schiepe-Tiska, A., & Peifer, C. (im Druck). Historical lines and an overview of current research on flow. In C. Peifer & S. Engeser (Hrsg.). *Advances in flow research.* (2. vollständig überarbeitete und erweiterte Auflage). New York: Springer

Farb, N. A., Segal, Z. V., Mayberg, H., Bean, J., McKeon, D., Fatima, Z., & Anderson, A. K. (2007). Attending to the present: Mindfulness meditation reveals distinct neural modes of self-reference. *Social Cognitive and Affective Neuroscience, 2*(4), 313–322.

Fritz, B. S., & Avsec, A. (2007). The experience of flow and subjective well-being of music students. *Horizons of Psychology, 17*, 5–17.

Glisky, M. L., Tataryn, D. J., Tobias, B. A., Kihlstrom, J. F., & McConkey, K. M. (1991). Absorption, openness to experience, and hypnotizability. *Journal of Personality and Social Psychology, 60*, 263–272.

Goldberg, I. I., Harel, M., & Malach, R. (2006). When the brain loses its self: Prefrontal inactivation during sensorimotor processing. *Neuron, 50*(2), 329–339.

Greicius, M. D., Krasnow, B., Reiss, A. L., & Menon, V. (2003). Functional connectivity in the resting brain: A network analysis of the default mode hypothesis. *Proceedings of the National Academy of Sciences, 100*(1), 253–258.

Harari, Y. N. (2008). Combat flow: Military, political, and ethical dimensions of subjective wellbeing in war. *Review of General Psychology, 12*, 253–264.

Harmat, L., Andersen, F. Ø, Ullén, F., Wright, J., & Sadlo, G. (Hrsg.). (2016). *Flow experience: Empirical research and applications.* New York: Springer.

Harmat, L., de Manzano, Ö, Theorell, T., Högman, L., Fischer, H., & Ullén, F. (2015). Physiological correlates of the flow experience during computer game playing. *International Journal of Psychophysiology, 97*(1), 1–7.

Heckhausen, H. (1977). Achievement motivation and its constructs: A cognitive model. *Motivation and Emotion, 4*, 283–329.

Heckhausen, H., & Heckhausen, J. (Hrsg.). (2018). *Motivation und Handeln* (5., überarb. und aktualisierte Auflage). Heidelberg: Springer.

Ide, K., & Secher, N. H. (2000). Cerebral blood flow and metabolism during exercise. *Progress in Neurobiology, 61*(4), 397–414.

Jackson, S. A. (1995). Factors influencing the occurence of flow state in elite athletes. *Journal of Applied Psychology, 7*, 138–166.

Jackson, S. A. (1996). Toward a conceptual understanding of the flow experience in elite athletes. *Research Quarterly for Exercise and Sport, 67*, 76–90.

Jackson, S. A., & Kimiecik, J. C. (2008). Optimal experience in sport and excercise. In T. Horn (Hrsg.), *Advances in sport psychology* (3. Aufl., S. 377–399). Champaign: Human Kinetics.

Jackson, S. A., Martin, A. J., & Eklund, R. C. (2008). Long and short measures of flow: The construct validity of the FSS-2, DFS-2, and new brief counterparts. *Journal of Sport & Exercise Psychology, 30*, 561–587.

Jackson, S. A., & Roberts, G. C. (1992). Positive performance states of athletes: Toward a conceptual understanding of peak performance. *The Sport Psychologist, 6*, 156–171.

Jackson, S. A., Thomas, P. R., Marsh, H. W., & Smethurst, C. J. (2001). Relationships between flow, self-concept, psychological skills, and performance. *Journal of Applied Sport Psychology, 13*, 129–153.

Keller, J. (2016). The flow experience revisited: The influence of skills-demands-compatibility on experiential and physiological indicators. In L. Harmat, F. Ø Andersen, F. Ullén, J. Wright, & G. Sadlo (Hrsg.), *Flow experience* (S. 351–374). New York: Springer.

Kimiecik, J. C., & Stein, G. L. (1992). Examining flow experiences in sport contexts: Conceptual issues and methodological concerns. *Journal of Applied Sport Psychology, 4*(2), 144–160.

Kubitz, K. A., & Pothakos, K. (1997). Does aerobic exercise decrease brain activation? *Journal of Sport and Exercise Psychology, 19*, 291–301.

LeFevre, J. (1991). Flow und die Erlebensqualität im Kontext von Arbeit und Freizeit. In M. Csikszentmihalyi & I. S. Csikszentmihalyi (Hrsg.), *Die außergewöhnliche Erfahrung im Alltag. Die Psychologie des Flow-Erlebnisses* (S. 313–325). Stuttgart: Klett-Cotta.

Lou, H. (2015). Editorial: Self-awareness – An emerging field in neurology. *ACTA Paediatrica, 104*, 121–122.

Massimini, F., & Carli, M. (1991). Die systematische Erfassung des Flow-Erlebens im Alltag. In M. Csikszentmihalyi & I. S. Csikszentmihalyi (Hrsg.), *Die außergewöhnliche Erfahrung im Alltag. Die Psychologie des Flow-Erlebnisses* (S. 291–312). Stuttgart: Klett-Cotta.

Miller, E. K., & Cohen, J. D. (2001). An integrative theory of prefrontal cortex function. *Annual Review of Neuroscience, 24*(1), 167–202.

Millman, D. (2004). *Der Pfad des friedvollen Kriegers*. München: Ansata.

Moneta, G. B. (2004). The flow experience across cultures. *Journal of Happiness Studies, 5*, 115–121.

Moneta, G. B. (2012). On the measurement and conceptualization of flow. In S. Engeser (Hrsg.), *Advances in flow research* (S. 23–50). New York: Springer.

Nakamura, J., & Csikszentmihalyi, M. (2009). Flow theory and research. In S. J. Lopez & C. R. Snyder (Hrsg.), *Handbook of Positive Psychology* (S. 195–206). New York: Oxford University Press.

Nideffer, R. M. (1976). Test of attentional and interpersonal style. *Journal of personality and social psychology, 34*(3), 394.

Nisbett, R. E., & Wilson, T. D. (1977). Telling more than we can know: Verbal reports on mental processes. *Psychological Review, 84*(3), 231–259.

Northoff, G., & Bermpohl, F. (2004). Cortical midline structures and the self. *Trends in Cognitive Neurosciences, 8*(3), 102–107.

Partington, S., Partington, E., & Olivier, S. (2009). The dark side of flow: A qualitative study on dependence in big wave surfing. *The Sport Psychologist, 23*(2), 170–185.

Peifer, C., & Engeser, S. (Hrsg.) (im Druck). *Advances in flow research.* (2. vollständig überarbeitete und erweiterte Auflage). New York: Springer

Peifer, C., & Engeser, S. (im Druck). Theoretical integration and future lines of research. In C. Peifer & S. Engeser (Hrsg.), *Advances in flow research.* (2. vollständig überarbeitete und erweiterte Aufl.). New York: Springer

Peifer, C., & Tan, J. (im Druck). The psychophysiology of flow experience. In C. Peifer & S. Engeser (Hrsg.), *Advances in flow research.* (2. vollständig überarbeitete und erweiterte Aufl.). New York: Springer

Peifer, C., & Wolters, G. (im Druck). Flow in the context of work. In C. Peifer & S. Engeser (Hrsg.), *Advances in flow research.* (2. vollständig überarbeitete und erweiterte Aufl.). New York: Springer

Privette, G. (1983). Peak experience, peak performance, and flow: A comparative analysis of positive human experiences. *Journal of Personality and Social Psychology, 45,* 1361–1368.

Raichle, M. E., MacLeod, A. M., Snyder, A. Z., Powers, W. J., Gusnard, D. A., & Shulman, G. L. (2001). A default mode of brain function. *Proceedings of the National Academy of Sciences USA, 98*(2), 676–682.

Rheinberg, F. (1989). *Zweck und Tätigkeit.* Göttingen: Hogrefe.

Rheinberg, F. (1991). Flow experience when motorcycling: A study of a special human condition. In R. Brendicke (Hrsg.), *Safety, environment, future* (S. 349–362). Bochum: Institut für Zweiradsicherheit (ifZ).

Rheinberg, F. (1996). Flow-Erleben, Freude an riskantem Sport und andere „unvernünftige" Motivationen. In J. Kuhl & H. Heckhausen (Hrsg.), *Motivation, Volition und Handlung* (S. 101–118). Göttingen: Hogrefe.

Rheinberg, F. (2002). Freude am Kompetenzerwerb, Flow-Erleben und motivpassende Ziele. In M. von Salisch (Hrsg.), *Emotionale Kompetenz entwickeln* (S. 179–206). Stuttgart: Kohlhammer.

Rheinberg, F. (2004). *Motivationsdiagnostik.* Göttingen: Hogrefe.

Rheinberg, F., & Engeser, S. (2018). Intrinsische Motivation und Flow-Erleben. In H. Heckhausen & J. Heckhausen (Hrsg.), *Motivation und Handeln* (5., überarb. und aktualisierte Aufl, S. 423–450). Heidelberg: Springer.

Rheinberg, F., Manig, Y., Kliegl, R., Engeser, S., & Vollmeyer, R. (2007). Flow bei der Arbeit, doch Glück in der Freizeit. Zielausrichtung, Flow und Glücksgefühle. *Zeitschrift für Arbeits- und Organisationspsychologie, 51,* 105–115.

Rheinberg, F., Vollmeyer, R., & Engeser, S. (2003). Die Erfassung des Flow-Erlebens. In J. Stiensmeier-Pelster & F. Rheinberg (Hrsg.), *Diagnostik von Motivation und Selbstkonzept* (S. 261–279). Göttingen: Hogrefe.

Sadlo, G. (2016). Towards a neurobiological understanding of reduced self-awareness during flow: An occupational science perspective. In L. Harmat, F. Ø Andersen, F. Ullén, J. Wright, & G. Sadlo (Hrsg.), *Flow Experience* (S. 375–388). New York: Springer.

Sato, I. (1991). In M. Csikszentmihalyi & I. S. Csikszentmihalyi (Hrsg.), *Die außergewöhnliche Erfahrung im Alltag Die Psychologie des Flow-Erlebnisses* (S. 111–138). Stuttgart: Klett-Cotta.

Schallberger, U., & Pfister, R. (2001). Flow-Erleben in Arbeit und Freizeit. *Zeitschrift für Arbeits- und Organisationspsychologie, 45,* 176–187.

Schneider, S (2013). *Ist Laufen Beten? Spirituelle Dimensionen sportlicher Aktivität und (neuro-) physiologische Dimensionen christlicher Spiritualität.* Dissertation, Universitäts- und Landesbibliothek Bonn

Schüler, J. (2007). Arousal of flow experience in a learning setting and its effects on exam performance and affect. *Zeitschrift für Pädagogische Psychologie, 21,* 217–227.

Schüler, J. (2012). The dark side of the moon. In S. Engeser (Hrsg.), *Advances in flow research* (S. 187–199). New York: Springer.

Schüler, J., & Pfenninger, M. (2011). Flow impairs risk perception in kayakers. In B. D. Geranto (Hrsg.), *Sport psychology* (S. 237–246). New York: Nova Publishers.

Seligman, M. P., & Csikszentmihalyi, M. (2000). Positive psychology: An introduction. *American Psychologist, 55,* 5–14.

Simon, F. B. (2013). *Wenn rechts links ist und links rechts: Paradoxiemanagement in Familie, Wirtschaft und Politik.* Heidelberg: Carl Auer .

Stavrou, N. A., Jackson, S. A., Zervas, Y., & Karterliotis, K. (2007). Flow experience and athletes' performance with reference to the orthogonal model of flow. *The Sport Psychologist, 21,* 438–457.

Stoll, O., & Lau, A. (2005). Flow-Erleben beim Marathonlauf. *Zeitschrift für Sportpsychologie, 12*(3), 75–82.

Stoll, O., & Pithan, J. M. (2016). Running and flow: Does controlled running lead to flow-states? Testing the transient hypofontality theory. In L. Harmat, F. Ø Andersen, F. Ullén, J. Wright, & G. Sadlo (Hrsg.), *Flow Experience* (S. 65–75). New York: Springer.

Stoll, O. & Ufer, M. (im Druck). Flow in sports and exercise. A historical overview. In C. Peifer & S. Engeser (Hrsg.). *Advances in flow research.* (2. vollständig überarbeitete und erweiterte Auflage). New York: Springer

Swann, C. (2016). Flow in sport. In L. Harmat, F. Ø Andersen, F. Ullén, J. Wright, & G. Sadlo (Hrsg.), *Flow experience. Empirical Research and Applications* (S. 51–64). https://doi.org/10.1007/978-3-319-28634-1.

Swann, C., & Crust, l., Jackman, P., Vella, S. A., Allen, M. S., & Keegan, R. . (2017). Psychological states underlying excellent performance in sport: Toward an integrated model of flow and clutch states. *Journal of Applied Sport Psychology, 29*(4), 375–401.

Swann, C., Piggott, D., Schweikle, M., & Vella, S. (2018). A Review of scientific progress in flow in sport and exercise: Normal science, crisis, and a progressive shift. *Journal of Applied Sports Psychology, 30,* 249–271.

Sweeny, K., Rankin, K., Cheng, X., Hou, L., Long, F., Meng, Y., … Zhang, W. (2020, March 26). *Flow in the time of COVID-19: Findings from China.* https://doi.org/10.31234/osf.io/e3kcw

Thatcher, A., Wretschko, G., & Fridjhon, P. (2008). Online flow experiences, problematic Internet use and Internet procrastination. *Computers in Human Behavior, 24,* 2236–2254.

Ufer, M. (2017a). *Flow-Erleben, Anforderungsfähigkeitspassung und Leistung in extremen Ultramarathon-Wettkämpfen.* Hamburg: Verlag Dr. Kovac.

Ufer, M. (2017b). *Flowjäger: Motivation, Erfolg und Zufriedenheit beim Laufen.* Bielefeld: Delius Klasing Verlag.

Ufer, M. (2017c). *Mentaltraining für Läufer. Weil Laufen auch Kopfsache ist* (2. Aufl.). Aachen: Meyer & Meyer.

Ufer, M. (2018). *Limit Skills: Die eigenen Grenzen respektieren, testen, überwinden.* Bielefeld: Delius Klasing Verlag.

Ulrich, M., Keller, J., Hoenig, K., Waller, C., & Grön, G. (2014). Neural correlates of experimentally induced flow experiences. *Neuroimage, 86,* 194–202.

Vaitl, D. (2012). *Veränderte Bewusstseinszustände: Grundlagen-Techniken-Phänomenologie.* Stuttgart: Schattauer Verlag.

Wagner, M., & Keller, J. (im Druck). Antecendents, bouday conditions and consequences of flow. In C. Peifer & S. Engeser (Hrsg.), *Advances in flow research.* (2. vollständig überarbeitete und erweiterte Auflage). New York: Springer

Williams, J. M., & Krane, V. (1997). Psychological characteristics of peak performance. In J. M. Williams (Hrsg.), *Applied sport psychology: Personal growth to peak performance, 3* (S. 158–170). Mountain View, CA: Mayfield.

Winter, C. J. (im Druck). Social flow. In C. Peifer & S. Engeser (Hrsg.), *Advances in Flow-Research.* (2. vollständig überarbeitete und erweiterte Auflage). New York: Springer

Wollseiffen, P., Schneider, S., Martin, L. A. et al. (2016). The effect of 6 h of running on brain activity, mood, and cognitive performance. *Experimental Brain Research, 234,* 1829–1836. https://doi.org/10.1007/s00221-016-4587-7

Woodworth, R. S. (1918). *Dynamic psychology.* New York: Columbia University Press.

Printed in the United States
by Baker & Taylor Publisher Services